Sammlung Luchterhand 172

Arnolt Bronnen
Tage mit Bertolt Brecht
Geschichte einer unvollendeten Freundschaft

Mit einem Vorwort von Klaus Völker

Luchterhand

Sammlung Luchterhand, April 1976
Lektorat: Ingrid Krüger
Umschlagkonzeption: Hannes Jähn

© 1976 für die Bundesrepublik Deutschland, Westberlin
und das westliche Ausland
beim Hermann Luchterhand Verlag, Darmstadt und
Neuwied.
Gesamtherstellung bei der Druck- und Verlags-Gesellschaft
mbH, Darmstadt
ISBN 3-472-61172-3

Vorwort

Brecht und Bronnen

„Immer wieder bricht es aus: die Anarchie in der Brust, der Krampf. Der Ekel und die Verzweiflung. Das ist die Kälte, die man in seinem Herzen findet. Man lacht, man verachtet das, aber es sitzt im Lachen selbst, und es nährt die Verachtung."

Die Geborgenheit, die ihm Augsburg und der Kreis seiner Freunde gewährt hatten, war für Brecht 1921 fragwürdig geworden. Er lieferte sich dem Chaos der Großstadt Berlin aus und wollte sich gegen die Unfreundlichkeiten des „kalten" Chicago behaupten. Als er Anfang November ein Zimmer bei dem Publizisten Frank Warschauer bezog, hatte er kaum Geld, ernährte sich von Löffelerbsen bei Aschinger und billigen Zigarren und stürzte sich mit einer Mischung aus Angst und trotziger Entschlossenheit zum Ruhm in das Berliner Literaturmilieu. Er ließ damals keine Probe, keinen Verlagsempfang und kein Künstlerfest aus. Frauen störten ihn eher bei seinen Unternehmungen. Bie Banholzer war in Augsburg geblieben, Marianne Zoff war in Wiesbaden als Opernsängerin engagiert, und Hedda Kuhn überließ er einem anderen Bewerber von der medizinischen Fakultät. Doch die „apokalyptischen Gespensterstürme" und die Einsamkeit setzten ihm zu. Er brauchte Partner bei seinen Bemühungen, die Kälte zu bezwingen und „die Welt vollkommen überliefert zu bekommen".

Da er länger als vorgesehen in Berlin blieb, ließ Brecht über Weihnachten Marianne Zoff nachkommen, und während sie ein wenig Häuslichkeit für ihren Liebhaber arrangierte, verzauberte er mit seinem Gesang den schüchternen Dichter Arnolt Bronnen, dessen Brust damals in einer Brecht verwandten Weise von Anarchie, Krampf, Ekel und Verzweiflung voll war. Marianne Zoff hatte nun einen Haushalt für drei zu führen und sah ihren Einfluß schwinden, als sich ihr Liebhaber entschloß, gemeinsam mit seinem Kumpan die Berliner Theater zu belagern. Die beiden Dramatiker hatten sich im Haus des Literaten Otto Zarek kennengelernt und sofort verstanden. Zwischen ihnen herrschte ein herzliches Einverständnis, das keiner Erläuterungen bedurfte. Wenn Bronnen dem Freund trotzdem Erklärungen abverlangen wollte, lehnte der kategorisch ab, über „Gefühle" zu sprechen, und machte lieber praktische Vorschläge: „Wir werden gemeinsam in die Theater und zu den Proben gehen, wir werden die Regisseure studieren, werden lernen, wie man es nicht macht."

Für Brecht war die Arbeitsbeziehung entscheidend, er sah in dem Freund den Partner und Mitarbeiter, Bronnen aber sah zu Brecht in Bewunderung auf, er „verfiel" ihm, er hatte Schülergefühle und wollte seinem Idol dienen und helfen: „Für Brecht war Bronnen nur einer von vielen Freunden, für Bronnen war Brecht der einzig mögliche Freund." Der drei Jahre jüngere Dichter akzeptierte die Rolle des Lehrers und Vaters mit Gelassenheit, er forderte jedoch von Bronnen wenigstens Selbstbewußtsein und Zuversicht. Keine Gelegenheit wurde versäumt, um in der Öffentlichkeit ins Gespräch zu kommen. Aus Geschäftsgründen paßte Brecht seinen Vornamen dem Namen Bronnens an, die Firma Arnolt und Bertolt, die beiden „Fasolte" der deutschen Literatur, wie Karl Kraus spöttisch bemerkte, wurde schnell zu einem Begriff und war ein viel belachtes Thema in den Klatschspalten der Boulevardpresse. Reklame empfand Brecht nicht als ehrenrührig, er hatte schließlich zwei Stücke vorzuweisen, und ein drittes hatte er in Arbeit. Karl Kraus, der unbestechliche Kritiker, abgestoßen von der literarischen Betriebsamkeit des Bert Brecht und der sprachlichen Kraftmeierei Bronnens, revidierte später, nachdem er „Baal" und „Die Hauspostille" gelesen hatte, sein früheres, negatives Urteil.

Die Reklame allein brachte aber kein Geld ein. Die beiden Theaterautoren litten unter der Kälte und dem Hunger. Als Brecht wegen Unterernährung in die Charité eingeliefert wurde, kam Bronnen fast täglich „angesegelt" und wurde von dem Patienten aufgefordert, sich in ein Bett neben ihn zu legen, um hier gemeinsam Projekte in Angriff zu nehmen und in einen „geistigen Clinc" zu gehen. So leicht ließ sich Brecht nicht vom Arbeiten und seinen sonstigen Gewohnheiten abbringen. Immer waren Besucher um ihn herum, Freunde und Verehrerinnen. Vorzeitig, noch ehe er wieder für gesund erklärt worden war, verließ er das Krankenhaus und setzte die mit Bronnen begonnenen Eroberungszüge fort.

Brecht versuchte sich an Bronnens Drama „Vatermord" zum erstenmal als Regisseur in der „Jungen Bühne" und scheiterte am zu dramatischen Temperament Heinrich Georges. Ein Jahr später unternahmen die beiden Freunde einen zweiten Regieversuch mit

Hans Henny Jahnns „Pastor Ephraim Magnus". Die Premiere fand zwar statt, aber die Aufführung konnte dann nicht mehr gezeigt werden, weil der Theaterleiter mit gefälschten Wechseln gearbeitet hatte. Die schriftstellerische Zusammenarbeit von Brecht und Bronnen beschränkte sich auf das gemeinsam verfaßte Filmexposé „Robinsonade auf Assuncion".

Die etwas seltsame Freundschaft zwischen Brecht und Bronnen, die zwei Jahre lang sehr eng war, an der dann noch Caspar Neher partizipierte und in die schließlich auch die Schauspielerinnen Gerda Müller und Helene Weigel einbezogen wurden, versandete allmählich, beziehungsweise verflüchtigte sich in neuen Beziehungen. Während in Berlin seine „verlassenen Bräute" Bronnen und Neher in der Hoffnung warteten, bald mit dem Freund einen Hausstand gründen zu können, übte nämlich „der Herr des Südmeers" Verrat in München: er heiratete Marianne Zoff. Als Brecht dann seine Stücke bei den Münchner Theatern herausbringen konnte, lockte er die enttäuschten Freunde zur Versöhnung in den Süden. Isolierte Erfolge, meinte er, „dauern zwei Winter".

1923 hielten die Faschisten in München ihre ersten Versammlungen ab, Hakenkreuzler zogen in Uniform mit vaterländischen und antisemitischen Losungen durch die Straßen. Brecht ahnte zumindest die Gefahr, die jene „Kavalkaden von trüben Hundsfötchen" bedeuteten. Den Faschismus, so wie er sich damals präsentierte, bewertete er nicht als politisches, sondern als „bayrisches" Phänomen. Laut Bronnen führte Brecht für den bayerischen Lokalfaschismus und die hysterischen Parolen der Hitleranhänger das Wort „Mahagonny" ein. Bronnen litt zu sehr an der Zeit und seinen eigenen Problemen, um unangefochten aus den Auseinandersetzungen mit diesen Phrasen und dem nationalsozialistischen Zauber hervorzugehen. Er berauschte sich an lautstarken, kraftstrotzenden Worten. Brecht nahm diesen „blutigen" und von hitzigen Wortorgien erfüllten Zug in den Schauspielen seines Freundes nicht wahr, er übersah dessen Anfälligkeit für gewaltsame Gesten.

Es war Bronnen, der sich von Brecht zurückzog, weil er die kollektive Arbeitsweise des Stückeschreibers für sich nicht nutzbar zu machen verstand. Bronnen konnte nur in der Spannung schreiben, Brecht brauchte Entspannung. Freundschaft mußte produktiv machen, seiner Arbeit nützlich sein. Brecht war ständig bereit, durch Kritik und neue Gesichtspunkte zu lernen. Zu dem Stück „Spiel mit der Bewegung", das ihm sein ergebener „Schüler" brachte, notierte er: „Es ist kraftvoll und anmutig, greift tief in die Sprache, ist aber an Poesie und Philosophie schwächer." Bronnen konnte diese Kritik nicht verwerten, er suchte Bestätigung. Sein Weg führte dann Mitte der zwanziger Jahre immer näher zu den Faschisten. Die Freunde sahen sich nur noch selten, aber es kam nie zum Bruch. Der Regisseur Bernhard Reich kommentierte später diese Haltung: „Die Treue zu seinen Sympathien und Anhänglichkeiten hatte über den skeptischen und praktischen Brecht eine ganz große Gewalt."

Daß ihre Auffassungen kollidierten, ignorierte Brecht, obwohl es ihn, der ständig neue Gedanken entwickelte und neue Mitarbeiter suchte, zweifellos ärgerte, daß Bronnen einen anderen Weg einschlug. „Es erhitzt mein Blut", äußerte er einmal, „daß Bronnens Theorie anders ist als die meinige." Von den Stücken des Freundes hielt er auch Ende der zwanziger Jahre immer noch sehr viel, vor allen Dingen „Ostpolzug" entsprach seinen Vorstellungen vom epischen Drama.

Bronnen erlag noch vielen unheilvollen Einflüssen und Faszinationen. Erst am Ende des Zweiten Weltkriegs ging er den schwierigen Weg nach „unten", er beteiligte sich an Widerstandsaktionen kämpfender Arbeiter und wurde 1945 zum Bürgermeister der Gemeinde Goisern in Österreich bestimmt. 1954 erschien bei Rowohlt die Bilanz seines unsteten, von so viel Fehlentscheidungen geprägten Lebens: „Arnolt Bronnen gibt zu Protokoll." Das Buch, das auch die erste Fassung der Erinnerungen an die „unvollendete Freundschaft" mit Brecht enthält, schließt mit der Forderung, „daß nur der kulturell schaffen darf, der seine Menschen-Brüder wahrhaft liebt". 1956 siedelte Bronnen in die DDR, nach Berlin, über; im selben Jahr starb dort Brecht. Arnolt Bronnen starb zwei Jahre später und wurde wie Brecht auf dem Berliner Dorotheen-Friedhof begraben.

Klaus Völker

An jener Stelle steht heute kein Stein mehr auf dem andern!

Durch die klirrende Kälte des Berliner Winters 1921/22 drang ein Staunen in das schlechtgenährte Hirn des sechsundzwanzigjährigen, mageren Jüngling-Manns, der in einer notdürftig zum Zivilen umgeschneiderten Militärkluft durch das westliche Viertel hastete. Was für Straßennamen! Da waren die Ferienträume ganzer Generationen von Spießern aufgestapelt: von der Rosenheimer bis zur Aschaffenburger, von der Münchener bis zur Freisinger Straße fehlte nichts in der Geographie, die dem Weißwürstel-Esser teuer war. Doch die Namen täuschten wie die Träume; wirklich war nur der Eiswind. Es gab keinen Schutz vor ihm, während der einsame Passant dahingewirbelt wurde, zwischen die vierstöckigen Zinskasernen, welche ihn hinter ihren schmalen Vorgärten feldwebelprotzig, erkerbestückt, türmchenstolz anherrschten: Wir sind eigentlich Villen!

Erst als er in die Regensburger Straße einbog, wurde ihm wärmer. Die Zeile schien bescheidener, ja freundlicher. Donau-Nähe umspülte zum mindesten die Assoziationen des Passanten. Er spähte beklommen nach den Hausnummern. Doch auch hier stand vor den Portalen eine drohende Schranke. Freilich, jetzt schreckte ihn die Drohung nicht mehr ganz so fürchterlich, wie an jenem Februartage 1920, als er erstmals ein Berliner Haus betreten wollte. Das war damals draußen in Steglitz gewesen, in der Grunewaldstraße, wo er die Familie der ihm von Wien her bekannten Schauspielerin Dagny Servaes wußte. Hoffnungsfroh war er in den Vorgarten eingebogen, hatte er nach der messingglitzernden Schelle gegriffen, als ihn das Schild angefahren hatte: *Eingang nur für Herrschaften!* Er war erschrocken zurückgewichen, hatte gleichzeitig drinnen im Vorhaus die roten Treppenläufer, die blitzenden Spiegel und linker Hand das feindliche Facettenauge der Portiersloge erblickt: da würde man doch sogleich erkennen, daß er keinen Pfennig in den ausgefransten Taschen und womöglich die tückische Absicht, um eine Nacht Quartier zu bitten, in seinem Schädel hatte; er war in der Tat keine *Herrschaft*. Doch noch mit der Feigheit schwoll in ihm der Protest an. Durch den Eingang ginge er nicht, hatte er getrotzt, und war auf der Suche nach dem andern losgezogen, der nun wirklich für *Lieferanten, Boten und Bettler* bestimmt war. So war er zum Erstaunen der Freunde vier Treppen hoch bei einer Tür gelandet, die seit 1918 so selten benutzt worden war, daß man erst lange nach den Schlüsseln hatte suchen müssen.

Da war die Hausnummer, das Schild, die Schranke. Er spuckte darauf, er konnte sich jetzt noch, nach bald zwei Jahren, seine Feigheit nicht verzeihen. War er jetzt Herrschaft? Der Portier zum mindesten war anderer Ansicht, er sah ihn mißtrauisch an, riß das Fensterchen auf, rief ihm mürrisch nach: „Zu wem wollen Sie?"

„Zu Direktor Zarek", erwiderte er, schnell und schroff.

„Zarek" stand es mächtig und prächtig in der Beletage!

Das schien ihm ein schöner Name, der klang ihm nach „Zar", auf deutsch müßte man ihn mit „Keyserling" übersetzen, dachte er beim Klingeln. Später belehrte man ihn, daß es ein verderbter hebräischer Name wäre, wohl von „Zadek", „Zaddoch" herkommend, das ist „Der Gerechte". Man öffnete ihm nach zweimaligem Klingeln – denn es waren viel Lärm und viele Gäste in der großen Wohnung.

Er war zu wohlhabenden Leuten gekommen. Es war ein leichter, angenehmer Wohlstand, nicht schweißverklebt und nicht von harten Fäusten verteidigt. Der neue Gast kannte dergleichen nicht, er wohnte bei einem Kellner Strunk, und seine Bekannten waren teils kleine Proleten, Warenhausangestellte, teils verarmter Mittelstand, dem die Inflation die patriotischen Ersparnisse aus dem krummen Rückgrat saugte. Hier indessen waren Leute, man sah es dem jovialen, strahlenden Gesicht des Hausherrn und seiner Gattin an, denen es von Tag zu Tag besser und besser ging.

Es waren lauter vergnügte Leute, unter die er da geraten war. Es waren Kaufleute, Juristen, Theaterleute, Schriftsteller. Doch sie wurden nicht durch ihre Berufe getrennt und auch nicht durch ihre Meinungen, deren sie die verschiedensten hatten, denn da waren Liberalisten, Nationalisten, Sozialisten und auch Kommunisten. Es mußte etwas da sein, das sie alle – oder fast alle – verband, und das er in seiner Befangenheit nicht begriff.

Auch von dem Thema, das im Mittelpunkt der lärmenden und erhitzten Debatte stand, begriff er wenig. Das Thema hieß: Die Mark. Die Währung des Deutschen Reiches war seit dem Ende des Krieges dauernd gefallen, die Mark notierte in jener Zeit etwa zwischen acht und zwölf Schweizer Rappen in Zürich, während sie im Inland noch einen Wert von etwa fünfzehn „Friedens"-Pfennig besaß. An diesem Mißverhältnis zwischen Auslands- und Inlandswert konnte man verlieren oder gewinnen, die meisten verloren, vor allem aber die Arbeiter und kleinen Angestellten. Auch der Neuankömmling zählte zu den Verlierern, doch das war er schon so gewohnt, seit er in den Krieg gezogen, an der Front verwundet, vom Feinde gefangen, ohne Chancen heimgekehrt und ohne Hoffnung aus der österreichischen Heimat ausgewandert war, um nun, mit nicht viel mehr Hoffnung, in der nördlichen Fremde zu vegetieren. Freilich, die da rings um ihn redeten, gehörten zweifellos zu den Gewinnern, und sie hatten recht, zu gewinnen.

Er hatte bisher in dem Trubel, der ihn betäubte, noch nicht bemerkt, daß der junge Mann, der ihn in dieses gastliche Haus eingeladen hatte, gar nicht anwesend schien. Zareks hatten einen Sohn, der Schriftsteller war. Otto Zarek, auch er in der Mitte der Zwanziger, hatte Gedichte und Prosa geschrieben, grüblerische Prosa, alttestamentarische Prosa, drängende Prosa, die in der Revolution der Deutschen vor allem die Emanzipation der Juden begriff. Dann aber, noch in den Nachwehen der Münchener Räterepublik vom seltsamen Frühling 1919, war er an die Isar gezogen, wo ihn Otto Falckenberg, Direktor der kühnen und neugierigen Kammerspiele in der Augustenstraße, sogleich an sein Theaterchen engagiert hatte. Es wurde eine fruchtbare Zusammenarbeit zwischen dem jungen Berliner Literaten, der aus der fortschrittlichen norddeutschen Intelligenz gekommen, aus den Kreisen um Alfred Wolfenstein, Kurt

Pinthus, Alfred Döblin, Rudolf Kayser, Kurt Hiller, Ernst Bloch und Rudolf Leonhard, und dem genialen, aus dem Rheinland zugewanderten und in München heimisch gewordenen Theatermann, in dem, noch von den berühmten „Elf Scharfrichtern" her, ein gut Teil der Münchener Theatergeschichte seit 1900 verkörpert war. Beide hatten, auf der Suche nach der neuen Zeit, neue Menschen und neue Stücke gefunden, hatten einiges herumexperimentiert und schließlich die alte Zeit wieder herausgefordert. In einem Hin und Her von gläubigem Infantilismus und spießiger Senilität war es zu einem geistigen Grabenkrieg gekommen. So standen übrigens überall die künstlerischen Dinge; sie standen eben.

Der Neuankömmling hatte seinen Sitz noch kaum erwärmt; er hatte sehr viel Kälte von draußen mitgebracht und konnte nicht warm werden. Unbehaglich stand er auf. Er kannte den Sohn des Hauses, der ihn eingeladen, nur brieflich; wo mochte der wohl sein unter den fröhlichen Gästen der drei Gesellschaftsräume, die überblickbar waren? Warum kam der nicht? Warum scherte sich der nicht um ihn?

Voll tiefen Kummers, voll schmerzlicher Einsamkeit wandte er sich an den stattlichen, jovialen Hausherrn. Man verstand ihn nicht. Erst der Hausfrau kam die Erleuchtung: „Ach, der Herr wollte zu Otto'n!? Der ist ja nie bei uns! Der ist mit seinen Freunden im Hinterzimmer!" Sie klingelte. „Erna, führen Sie den Herrn mal zu unseren jungen Leuten!" Der „Herr" wurde rot, nickte steif, am liebsten hätte er sich gleich bei der Tür hinaus verdrückt, doch das Mädchen verstellte ihm den Fluchtweg, er mußte ihr folgen. Das Mädchen öffnete eine Tür, sagte: „Da ist der Herr", und ging.

Dieses Hinterzimmer war auf eine Weise möbliert, die man „Bohème" oder auch „Schwabing" nannte, weil das

Bertolt Brecht

Stilprinzip genialische Schlampigkeit war. Das Mobiliar bildeten Diwandecken, Diwane und Bücher, die teils zum Lesen und teils zum Sitzen dienten.

Das Ensemble war dämmerig beleuchtet, und den Rest der Helligkeit tilgte der Zigarettenqualm, der vom Boden, aus den Aschenbechern und von den Lippen aufstieg. Irgendwer schien auch eine billige Zigarre zu rauchen.

Der Neue stand an der Tür, doch es kümmerte sich auch weiterhin niemand um ihn. Er war das zwar gewohnt,

Arnolt Bronnen

doch gerade für diesen Nachmittag hatte er anderes erhofft. Er hatte erwartet, erwartet zu werden, er hatte ein paar Antworten auf ein paar Fragen parat, nun wurde er seine Antworten nicht los, weil ihn niemand fragte; selber zu fragen, war er zu schüchtern. Er wußte zu wenig von dem Spiel, das da heißt „Sich in Szene zu setzen", er kannte die Spielregeln nicht, und so vermeinte er dumpf und beschränkt, er wäre zu spät gekommen, weil ihm irgendwer zuvorgekommen wäre.

Denn irgendwer sang. Irgendwer hatte die kleine, feuchte Zigarre weggelegt, hatte die auf seinen Schenkeln liegende Gitarre gegen seinen hohlen Bauch gedrückt, hatte mit einer krächzenden, konsonantischen Stimme zu intonieren begonnen. Es war weiter sehr laut in dem kleinen Raum, und nur der Neue war still. Was er hörte, klang so:

...Sie war sehr weiß und kam von oben her.
Die Pflaumenbäume blühn vielleicht noch immer,
Und jene Frau hat jetzt vielleicht das siebte Kind
Doch jene Wolke blühte nur Minuten,
Und als ich aufsah, schwand sie schon im Wind.

Niemand kümmerte sich weiterhin um den Neuen, so daß Ärger, Zorn, Verbitterung Zeit und Grund hatten, weiter zu wachsen. Sie wuchsen nicht, sie wehten dahin, sie waren nie gewesen. Denn der Neue begann, den Sänger anzustarren. Der war ein vierundzwanzigjähriger Mensch, dürr, trocken, ein stacheliges, fahles Gesicht mit stechenden Punktaugen, darüber kurzgeschnittenes, dunkles, struppiges Haar mit zwei Wirbeln, aus denen strähnige Halme protestierend aufstanden. Der zweite Wirbel drehte sich vorn an der nicht hohen Stirn, warf die Haare über die Stirnkante abwärts. Eine billige Stahlbrille hing lose von den bemerkenswert feinen Ohren über die schmale, spitze Nase herab. Seltsam zart war der Mund, der das träumte, was sonst die Augen träumen.

Der Neue sah: Er hatte noch nie einen Menschen gesehen. Er hatte das große Gefühl: Das, was jetzt ist, kann nie aufhören. Er hatte das Gefühl der Erkenntnis: In dem kleinen, unscheinbaren Menschen dort schlägt das Herz dieser Zeit. Er hatte das Schülergefühl: Liebe, große Liebe in der Welt, gib mir den als Freund.

Als der Sänger sein Lied beendet hatte, erhob sich aus der lauschenden Gruppe ein gutaussehender, kräftiger, dunkler Jüngling und trat auf den Neuen zu. „Ich bin Otto

Zarek, da sind Sie ja endlich", sagte eine überraschend klangvolle Stimme, die mutmaßen ließ, daß ihr Besitzer bei Falckenberg nicht nur Dramaturgie, sondern auch Sprechtechnik studiert hatte. Damit nahm er den Neuen bei der Hand und führte ihn auf den Sänger zu. „Ja, Arnolt Bronnen", sagte er, deutend, „das ist Bert Brecht."

Sie konnten sich erst
am nächsten Sonntag treffen

Bertolt Eugen Friedrich Brecht, Sohn des Papierfabrikdirektors Berthold Brecht in Augsburg, hatte bislang teils dort, teils in München gelebt. In Augsburg war er ein zuletzt heftig befehdeter Theaterkritiker in dem kleinen Blättchen der Unabhängigen Sozialdemokraten „Der Volkswille", in München zweiter Dramaturg – und so Kollege Otto Zareks – bei Falckenberg gewesen. Die Münchener literarische Zeitschrift „Der neue Merkur" hatte zwei Beiträge von ihm veröffentlicht, bei einigen Verlagen ruhten die Manuskripte zweier Stücke von ihm. Das war verglichen mit Büchner wenig, und so war Brecht in jenem Winter zur Eroberung Berlins aufgebrochen.

Warum war er eigentlich noch nicht gedruckt? Der junge Augsburger war doch bereits eine Art von Geheimtip avantgardistischer Verleger, nicht zuletzt dank der Empfehlungen von Lion Feuchtwanger, den schon der zwanzigjährige Brecht enthusiasmiert hatte. Es lag am Autor selber, dem die beiden Stücke, die er vorgelegt hatte, dauernd verbesserungsbedürftig und vor allem verbesserungsfähig erschienen. Überdies wollte Brecht nicht begreifen, daß er für ein Stück, das so lange gedruckt, gelesen und aufgeführt werden konnte, nur mit einem Verleger abschließen sollte; er hatte eine hohe Meinung von der ökonomischen Basis der literarischen Produktion. So litt er an einem chronischen Geldmangel und zeigte sich auf das Wohlwollen seiner Bewunderer angewiesen.

Einer dieser Bewunderer hieß Frank Warschauer, linker Publizist, Mitarbeiter bei Jacobsohns „Weltbühne" wie bei der „Frankfurter Zeitung" und mit Feuchtwanger mehr über die Frauenseite bekannt. Er hatte es übernommen, Brecht für ein paar Tage Quartier zu geben, so lange, bis dieser sich mit seinen Verlegern arrangiert haben mochte. Indessen hatten sich die Verhandlungen hingezogen und effektive finanzielle Tätlichkeiten waren ausgeblieben. So hatte Brecht sich Hilfe besorgt. Marianne Zoff hieß die Helferin, Schwester des Schriftstellers Otto Zoff aus Wien-Mödling, die nun, groß, schlank, dunkeläugig, sich mit Wiener Naivität und Grazie als Amme, Wegweiserin und auch Herrin betätigte.

Bronnen, der, in der Kategorie „Hilfsarbeiter" bei einer Nebenabteilung des Warenhauses Wertheim beschäftigt, nur sonntags Zeit hatte, war wie ein Troubadour zu dieser Verabredung geeilt. Er hatte nichts anderes erwartet und erhofft, als daß er unter vier Augen mit Brecht sprechen würde. Nun stand da diese junge Frau, kenntlich als Wienerin bis auf fünfzig Meter gegen den Wind, und tröstete ihn: „Der Bert ist gar nicht da." Der war zu irgendeinem Verleger gegangen, aber er würde schon kommen, außer daß es eine Einladung zum Mittagessen geben sollte.

Es gab keine Einladung, es gab kein Mittagessen, es gab Brecht. Mit ihm kam Kraft, Glaube, Verwandlung. Er war wie ein Sonnenaufgang, man vergaß die Nacht. Die beiden gaben sich die Hände wie alte Freunde. Die beiden, der Wiener aus Steglitz und der Münchener aus Augsburg, stellten vergnügt fest, daß sie Berlin ebenso gut kannten wie den Nordpol, sie waren alle vier unentdeckt. Bronnen war zwar gedruckt, doch welcher Theaterdirektor wagte sich schon an ein Stück „Vatermord", das von barbarischen Lastern wimmelte? Brecht hatte zwar eine Theaterfunktion, doch sein Stück „Baal", das er anpries, widersprach den

Gesetzen des damaligen Theaters. Übrigens hatte Bronnen weder von dem Stück noch von dem Autor je zuvor das geringste gehört.

Für Brecht war Bronnen nur einer von vielen Freunden, für Bronnen war Brecht der einzig mögliche Freund. Trotzdem war beiden der Vorteil eines engeren Bündnisses klar. Sie verstanden sich bei der ersten Silbe; sie konnten sich viele Erläuterungen sparen. Sie hatten einen gemeinsamen Standpunkt: Beide lehnten alles ab, was bis zu dieser Stunde gedacht, geschrieben, gedruckt worden war, einschließlich ihrer eigenen Erzeugnisse, beide aber gaben allem, was nach dieser Stunde produziert werden mochte, die größten Chancen, und auch hier schlossen sie ihre zukünftigen eigenen Erzeugnisse großzügig ein.

Für Bronnen war die Praxis dieses Bündnisses unklar, Brecht indessen hatte sogleich ein klares Konzept. „Wir werden gemeinsam in die Theater und zu den Proben gehen", sagte er, „wir werden die Regisseure studieren, werden lernen, wie man es nicht macht. Wir werden die Autoren entlarven, von Alfred Brust bis Shaw und von Zuckmayer – außer du magst ihn – bis Georg Kaiser, den ich mag." Er hatte übrigens Bronnen bei diesem zweiten Treffen sogleich geduzt, und sie blieben beisammen, von Mittag bis Mitternacht. Zwischendurch hatte Marianne Zoff irgendwo eine angebrochene Sardinenbüchse aufgetan, aus der aßen sie zu dritt mit einer Gabel und pro Kiefer einen halben Fisch.

Brecht, wie alle Menschen, die in sich unerschöpfliche Möglichkeiten haben, neigte dazu, auch seine Freunde zu überschätzen; Bronnen, der in Haß-Liebe zu sich selbst entbrannt schien, neigte dazu, sich wenig zu schätzen. Brecht jedenfalls überschätzte Bronnens Stellung und Möglichkeiten, die eben dessen sozialer Stellung, der eines ungelernten Hilfsarbeiters, entsprachen. Für Brecht, der von vornherein aus einem gesicherten und trotz der Revolution gesichert gebliebenen sozialen Milieu kam, war Bronnens Verhalten unvorstellbar. Er hatte des anderen Stück gelesen, behauptete, es positiv zu beurteilen, hatte sich in München für dessen Aufführung eingesetzt; nun meinte er, der Autor eines Stückes, für das sich er, Brecht, eingesetzt hätte, müßte in Berlin genug gelten, um sich mit definitivem Erfolg für Brechts Stücke einsetzen zu können. Aus solcher praktischen Erwägung heraus gab er dem Kumpan sein Manuskript zu lesen.

Für Bronnen wurde das Lesen jener kaum lesbaren, durcheinander verwirrten Seiten zu einem Rausch; so liest man nur dreimal in einem Leben. Es war der „Baal", dramatische Biographie einer untergehenden vorhumanistischen Spezies, die aber immerhin untergehen mußte, weil ihre Verwesungsprodukte die Düngemittel für den Aufgang einer neuen Spezies enthielten. Bronnen begriff sogleich, daß das Einzelwerk „Baal" nur literarhistorischen Wert haben konnte; was aber er aus dem Werk begriff, war Glanz und Größe des jungen Mannes, welcher dergleichen, übrigens nur nebenbei, schreiben konnte. Nun war er vollends dem anderen verfallen.

Doch da war viel und mehr und alles, was dagegenstand; wie gegen jede große Liebe, so meinte er, hätte sich auch gegen die seinige die Welt verschworen. Da war, im Schatten des Warenhauses Wertheim, das kleine, dunkle Büro in der Voßstraße, wo Botendienste zu verrichten, Bücher zu verpacken, Wettzettel auszuschreiben waren. Da war der Chef, Ludwig Rabow, ein sympathischer, lebensfroher, wohlhabender jüdischer Bürger, jedoch geschlagen mit einem schwererziehbaren Sohne, um den sich Gustav Wyneken in der Freien Schulgemeinde Wickersdorf allzu vergeblich bemühte, was wiederum die Angestellten gelegentlich zu entgelten hatten. Da waren zehn Stunden im

Büro zu versitzen, zwei Stunden eiligen schlechtatmigen, durchrüttelten Wegs, zwölf Stunden Kälte, karger Nahrung, entbehrten Trostes, quälender Gedanken. Das ergab plötzlich zusammen vierundzwanzig Stunden Brecht mit dem Problem: Wie zu ihm gelangen? Wie ihm dienen, wie ihm helfen? Das Leben, ehedem schon schwer auflösbar, war nunmehr unauflösbar geworden.

Brecht sprach nie von seinen Leiden; um so besorgter war Marianne Zoff. Sie sah das Dahinschwinden des andern. Sie ahnte das, was Brecht verschwieg: Bei den Verlagen ging nichts weiter, bei den Bühnen war nichts zu wollen, Max Reinhardts Haus war überfüllt von lernbegierigen Regieaspiranten, sie hatten dort nicht auf den jungen Augsburger gewartet. Wahrscheinlich würde Papa Fabrikdirektor schon etwas Taschengeld für den Sproß spucken; aber stand ein Mahnbrief nach Augsburg dem Eroberer Berlins wohl an? Brecht, genügsam, bescheiden, brauchte fast nichts; indessen, fast nichts summierte sich auch in Mark und Pfennig und war allmählich für Marianne Zoff schwer auftreibbar geworden. In dieser Situation wollte ein mit Warschauers befreundeter Arzt den jungen Dichter kennenlernen. Er sah keinen Dichter, er sah einen Patienten. Er sagte zu Marianne Zoff – denn er merkte sogleich, daß es wenig Sinn haben mochte, zu Brecht selbst zu sprechen: „Bringen Sie mir Ihren Freund gleich morgen in die Charité!" Brecht ging murrend und nichtsahnend hin. Sie untersuchten ihn und behielten ihn dort.

Als man ihm sagte, Brecht läge in der Charité, wurde ihm kalt vor Schreck.

Er ging noch am selben Tage, nach Büroschluß, hin, aber es war zu spät; man wies ihn ab, weil keine Besuchszeit mehr wäre. Er versuchte, vom Büro ein paar Stunden frei zu bekommen; Chef Rabow war indessen auswärts auf Dienstreisen, und die Büroleiterin, ein Fräulein Schneidereit, sah keinen Grund, dem unnützen Fresser, den der Chef über ihren Kopf hinweg eingestellt hatte, noch zu alledem Freizeit zu gewähren. Da war es für ihn direkt ein Glück, daß wiederum ein großer Verkehrsstreik in Berlin ausbrach. Von seiner Wohnung am Rande von Steglitz bis zur Voßstraße waren es mehr als zehn Kilometer, hin und zurück zwanzig Kilometer, ein nicht zumutbarer Weg für einen Arbeitnehmer. Er hatte demnach frei und hatschte die zwanzig Kilometer auf der Charité-Strecke ab.

Sie kannten das beide vom Kriege her: große Krankensäle mit vielen elenden Menschen, schlechte Luft, schäbige Kleidung, zerrissene Krankenhemden und unrasierte Wangen. In einer Ecke lag Brecht, lächelnd, sicher, souverän: Er glich einem Glücklichen. Marianne saß bei ihm, sie hatte ihm Manuskripte, Bücher, Schreibhefte gebracht. Daneben hockte noch ein junger Hilfsarzt, der, von seinem Patienten fasziniert, sich Tag und Nacht um den Kranken bekümmerte. So kam Bronnen um jede Möglichkeit, Trost zu spenden, und erhielt seinerseits Trost; Brecht meinte, es gäbe für einen jungen Dramatiker nichts Lehrreicheres, als in einem großen Krankensaale – noch besser: Schwerkrankensaale – zu liegen, und empfahl dem Besucher, sich neben ihn zu legen; eine Krankheit würde sich schon finden lassen.

Wieder fehlte es Bronnen an Kraft zum Abschied; die Besuchszeit war längst verstrichen. Er blieb bis tief in die Nacht hinein, geschützt von jenem jungen Assistenzarzt, der ihn vor der Kontrolle der Schwestern verbarg. Mehr als bisher begann Brecht aus sich herauszugehen. Nicht, daß er näher wurde – denn er war immer nah, immer gleich da, unreserviert, ging, wo es ihn interessierte, sofort in geistigen Clinch. Doch für Brecht, den Sprecher, der immer nah war, blieb Brecht, der Besprochene, stets sehr fern. Dieser andere Brecht tauchte nur gelegentlich gleich einer exotischen Insel auf, und so war Bronnen auch nicht erstaunt, als ihm

Brecht, zum ersten Male von seinem anderen Stück erzählend, dieses als „Neger-Stück" bezeichnete; Bronnen nahm es wörtlich, sah schwarze Menschen, farbiges Kolorit, exotische Problematik. Später stellte sich heraus, daß Brecht gerade aus diesem Mißverständnis Verständnis gewann.

Sie sahen sich bald wieder, da es für ihr Bündnis notwendig schien, sich näher kennenzulernen. Für Brecht war der Aufenthalt in der Charité eine seelische Kur; er wurde so den Zusammenbruch seiner ersten, knabenhaften Hoffnung los, er unterwanderte Berlin, das er noch nicht hatte überwinden können. Für den Wertheim-Commis wurde die Bekanntschaft mit Brecht eine Erziehung zur Unzuverlässigkeit, nachdem er bisher aus subalterner Zuverlässigkeit immer dem Büro gegenüber Treu und Redlichkeit geübt hatte; er mußte schwänzen. Es blieb nicht beim Schwänzen. Brecht, zur Zeit völlig ohne finanzielle Stütze, wurde zwar in der Charité beherbergt und verköstigt; aber schließlich brauchte er auch ein paar Pfennige für Bücher und Zeitschriften. Bronnen sah dies ein und griff in seine winzige Lohntüte, die 850 Papiermark je Monat enthielt; das waren knapp 60 güldene Eier, gemessen an dem realen Werte. Damit war Brecht natürlich wenig geholfen, und da Bronnen wiederum dies nicht einsah, so griff Brecht zu erzieherischen Maßnahmen, zumal ihm des neuen Freundes unterentwickelter Erwerbssinn ohnedies einer Spritze zu bedürfen schien. Er stachelte den andern an und auf, gab zu verstehn, daß einer, wenn er auch selber nicht an sich glaubte, doch als Freund des Freundes an dem Glauben des Freundes teilhätte, kurz, daß es nötig wäre, geistige Fähigkeiten auch finanziell zu mobilisieren.

In Rabows Büro geschahen allerlei schwer durchschaubare Dinge. Neben Wetten und Geheimtips wurden hier auch Karten verhökert, die von der Theaterkasse Wertheim an einige Theaterportiers gegeben wurden, um von devisenharten Ausländern in Dollars honoriert zu werden. Das war ein gutes Geschäft, wenn etwa die Maria Orska einen scharfen Wedekind oder einen lüsternen Verneuil spielte, oder wenn Schnitzlers „Reigen" getänzelt wurde. Manchmal war es ein schlechtes Geschäft, und dann saß Rabow auf seinen Karten, die er an seine Angestellten verschenkte: „Aber wehe euch, wenn ihr die Dinger verkauft!" Bronnen hatte sich bisher um diese Karten nie gekümmert, nun, auf Geldgier gedrillt, bewarb er sich um die Unverkäuflichen, umschlich die Kasse des Theaters in der Behrenstraße, ersah sich ein Opfer und fiel natürlich einem Steuerkontrolleur anheim, der die illegale Karten-Agiotage zu bekämpfen hatte. Er wurde angezeigt, und Rabow schlug einen mächtigen Krach. Bronnen bekannte seine Sünde und sah keinen anderen Ausweg, als seine Stellung der Familie Wertheim zur Verfügung zu stellen. Da wurde der gutherzige Rabow wieder weich, nahm zwar die Kündigung an, meinte indessen, Bronnen möchte sich etwas anderes suchen und so lange bei ihm bleiben, bis er Passendes gefunden hätte.

Brecht amüsierte sich über dieses Geschichtchen, weil er inzwischen einen kleinen Vorschuß erhalten und Aussicht auf weitere Zuschüsse hatte. Er fand, es paßte haargenau in Bronnens Lustspiel „Die Exzesse", das er eben gelesen hatte – bis auf den gutmütigen Chef, über dessen Gutmütigkeit ihm Bronnen leider keine befriedigende Auskunft zu geben vermochte. Bronnen lernte so an jedem Satz von Brecht, während er diesem einige Erlebnisse lieferte, welche für die Zeit als typisch gelten mochten.

Sie durchdachten seltsame Abende in der dämmerschweren Charité. Die Luft war zum Ersticken, die Leichtkranken seufzten, die Schwerkranken schnarchten. Brecht lag-saß auf den aufgestellten Kissen, immer waren Besucher da, Freunde, Neugierige, mannsgeile Mädchen. Draußen brodelte stadtbahnbrummig die frierende, hungernde Stadt, verraten von ihren Führern, zerrissen in ihren Kämpfen, zerrissen in Streiks, Aufmärschen, Demonstrationen, Börsenmanövern, rhetorischen Protesten. Drinnen war dies alles kondensiert zu Selbstinjektionen, die der Patient Brecht sich einstach, scharf, kühn, beobachteter Beobachter, mit einem Zynismus, der einer Rasur mit stumpfen Messern glich. „‚Die Trommeln' wären die Trommeln, wenn dies alles drin wäre", sagte Bronnen. „Das ist gut, das ist gut, das ist sehr gut", sagte Brecht, „ich tu' es hinein." – „Wann", fragte Bronnen. „Jetzt ist es schon drin", sagte Brecht.

Brecht hörte nicht auf die protestierenden Ärzte

Noch ehe er, sich für gesund erklärend, die Charité verließ, hatte Marianne Zoff ihn verlassen müssen. Sie hatte noch versucht, Brecht wieder zur Rückkehr nach München zu bewegen, doch Brecht meinte, jetzt Berlin verlassen hieße eine Niederlage eingestehen, und ließ sich von Bronnen bestärken, nichts einzugestehen. Überdies war zwischen dem Österreicher und der Österreicherin, der „schiechen Mariann'", eine Art eifersüchtiger Rivalität entstanden. Brecht, der dieses Motiv durchschaute, revanchierte sich, indem er seinerseits Bronnens Freundin, die ebenso aus einem Pfarrershause wie aus der Freideutschen Jugend herkam, „eine säuerliche, alte Jumpfer" benannte. Das klärte die Luft. Sie sahen sich öfter, und sie waren zunächst öfter allein.

Indessen war Brecht ein Lebewesen besonderer Art. Er vervielfachte sich dauernd, und selbst wenn man ihn allein in ein Zimmer sperrte, so konnte man sicher sein, beim Wiederaufsperren einen bis zum Rande mit Brechts angefüllten Raum vorzufinden. Brecht war nicht nur einfallsreich, amüsant, witzig; er hatte auch die Aura eines Kindes, zog, ohne es zu wollen, Blicke, Gefühle, Tastversuche, Berührungsgier an sich. Auch das hatte er mit einem Kinde gemein: Was er sah, wovon er hörte, wollte er haben. Er hatte in Wochen mehr Bekannte in Berlin als andere in Jahren. Mit Darstellern, die Bronnen nur als ferne Stars aus den Gazetten

Brecht mit seiner ersten Frau, Marianne Zoff

kannte, hatte er längst geredet. Er hatte noch keinen einzigen Vertrag in der Tasche; aber mit Klöpfer, Kraus, Wegener, George hatte er bereits wegen der Übernahme von Rollen in seinen Stücken verhandelt. Er kannte alle Dramaturgen, wie Reinhardts Felix Holländer, wie Jessners Dr. Lipmann, er kannte die wichtigsten Literaten, wie Ludwig Berger, wie Heinrich Eduard Jacob, und zum mindesten bei drei Verlagen, beim Drei-Masken-Verlag, beim Propyläen-Verlag, beim Kiepenheuer-Verlag hatte er eine enragierte Anhängerschaft, die sich vom Chef bis zur jüngsten Sekretärin erstreckte.

Man rief ihn dauernd, denn er gab etwas her. Brecht wiederum wollte Bronnen mit sich haben, vielleicht des Kontrastes halber. Der geriet dabei in einen Taumel, aus dem er kaum hochkam. Die literarische Luft, in der Brecht erst richtig zum Atmen kam, schuf Bronnen seelische Erstikkungsanfälle; außerdem litt er, weil er, behindert durch einen Kehlkopfdurchschuß vom Kriege her, seine Stimme weder nach der Stärke noch nach der Empfindung modulieren konnte. Brecht wollte den anderen zwingen, versuchte es mit erzieherischen Maßnahmen, mit geistiger Massage. Es ging nicht lange, es konnte nicht gehn.

Ein Abend bei Dr. Hermann Kasack, dem jungen Cheflektor des Kiepenheuer-Verlages. Ein kleines Haus in Potsdam, eng, eine winzige Diele, eine schmale Treppe; die Treppe ersetzte mindestens zwanzig Stühle. Man sah nur Köpfe, für das, was unter den Köpfen war, reichte der Platz nicht. Es war ein Verlagsfest, Fasching, aus München importiert, hektisch, intellektuell, Kasack dirigierte mit seinen spitzen, scharfen Sätzen; bis Brecht sang. Sang er? Er verzauberte. Er sang die Ballade vom toten Soldaten. Es war ungeheuerlich, wie er den Fasching, die Inflation, das Gehopse und das Gekicher den Menschen aus Bändern und Gebein sang. Sie wurden Lemuren und er allein Mensch.

Die anderen klatschten frenetisch, Bronnen empfand Erniedrigung, ohne ihren Grund begreifen zu können. Er fiel ein Mädchen an, die bewundernswerte Tochter eines Hamburger Buchhändlers, Lektorin, schön, klargesichtig, von der hellen, windfrischen Art norddeutschen Geistes. Sie wollten sich wiedersehen, und sie sahen sich auch. Bronnen hatte das Intelligenzhäuschen fluchtartig verlassen, um diesen naturfernen Schauplatz mit einer Waldwiese bei Potsdam zu vertauschen. Es war Vorfrühling, schräge Sonne, Verheißung einer Kraft, aber: „Sie wirken auf mich wie Zahnweh", sagte Oda Weitbrecht. Bronnen schwieg bestürzt; er spürte die Grenze. Brecht lachte und nahm den Flüchtling in Gnaden auf. „Die Vorstellung hat noch nicht begonnen", sagte er. „Wir müssen vorher zu den Proben gehen."

Sie gingen in die Theater, früh und spät

Früh tippelten sie durch dieses graue, verwahrloste Berlin, denn die Theater lagen nicht in den Villenvierteln. Bronnen hatte sich im Büro als „auf Stellungsuche" abgemeldet, und Rabow, alter, kluger Jude, war wirklich ein großzügiger Chef. Brecht hatte alle Probenpläne zwischen Panke und Gendarmenmarkt im Kopf. Sie überlisteten die Theaterportiers, mischten sich unter die Darsteller, von denen viele Brecht bereits kannten und anerkannten, schlichen sich in die dunkelsten Ecken der Zuschauerräume, tasteten sich später langsam nach vorne, bis sie eines Tages neben den Regisseuren landeten.

Abends durchkosteten sie gewissenhaft das gesamte Berliner Repertoire von Shaw bis Shaw; manchmal gab es noch Georg Kaiser und Wedekind. Von der jungen Stückschreiber-Generation wurde viel geredet und wenig aufgeführt. Isolierte Theaterereignisse waren Barlach-Dramen wie „Der tote Tag", „Der arme Vetter", „Die echten Sedemunds", aber sie sagten Brecht zuwenig über den Zusammenhang zwischen der neuen Republik, von der einiges durch die November-Revolution geformt worden war, und der neuen Dramenproduktion; nach Barlachs eigenen Zeugnissen schien dieser seit seiner Rußland-Reise, seit 1905, das gedankliche Fundament seiner künstlerischen Produktion nicht mehr abgeändert zu haben.

Zwischen Morgen und Abend gab es Mittagstheater. Es war meist das, was in anderen Zonen und anderen Zeiten die Kellertheater darstellten, Literatur für Literaten, organisiert durch kleine Grüppchen von Theaterfans und effektuiert von Schauspielern, die wenig Rollen und viel Ehrgeiz hatten. Sie sahen bei solchen Gelegenheiten Carl Zuckmayers „Kiktahan", Emil Bernhards „Anna Boleyn", Alfred Brusts „Singenden Fisch", Julius Maria Beckers „Passion". Die literarischen Gesellschaften, die solches produzierten, nannten sich „Heute und Morgen" oder „Junges Theater" oder „Bühne der Jüngsten" und starben gleich den Drohnen nach ihrer ersten Umarmung mit der Bienenkönigin Publikum. Die Theaterreferenten, denen sie den Sonntagmorgenschlaf verdarben, weinten ihnen keine Tränen nach.

So sahen Brecht und Bronnen auch an einem Februarsonntag ein Stück namens „Persephone" von einem Autor namens Paul Gurk. Besagter Gurk hatte das Jahr zuvor einen literarischen Preis erhalten, welcher nach Kleist benannt und nach einigen Preisgekrönten nahezu geadelt worden war. Die „Persephone" indessen, Primanerdramatik, paßte kaum in jene Galerie mutiger, bahnbrechender Dramen hinein. Sie saßen auf zwei leergebliebenen linken Eckplätzen – richtige Karten hatten sie wie gewöhnlich nicht. Da kam in der Pause, sichtlich gelangweilt, der Theaterkritiker Herbert Jhering an ihnen vorbei. Er nickte Bronnen, den er flüchtig kannte, freundlich zu. „Wer ist der", wollte Brecht wissen. Als Bronnen den Namen nannte, stand Brecht sogleich auf: „Du, den muß ich sprechen!" Die Pause währte noch, offenbar war man sich auf der Bühne noch nicht über die Dekorationen einig. So gingen sie nach vorn, Jhering stand noch, und Bronnen stellte jenem den Freund vor. Jhering mochte den Namen wohl schon gehört haben; er war interessiert, wenngleich unsicher, was er hinter hannöverscher Reserviertheit verbarg. Bronnen mokierte sich mit der Mundstellung, welche die Wiener eine „Goschen" nennen, über Stück und Autor und nicht zuletzt über den Kleist-Preis.

Dies schien Jhering wieder zu weit zu gehen. „Das wird dieses Jahr anders", sagte er, „dieses Jahr vergebe ich den Kleist-Preis." Das hatte vielleicht schon in den Zeitungen gestanden, Bronnen jedenfalls wußte es nicht. Er deutete rasch auf Brecht: „Na, dann haben Sie hier gleich den, dem Sie ihn geben müssen."

Jetzt wurde es dunkel, und sie mußten auf ihre Plätze. Trostlos wie das Stück war der Sonntag, war die Stadt, die vor dem Theaterportal wartete. So standen die beiden noch in dem bescheidenen Foyer jenes noch bescheideneren kleinen Theaterchens, das sich Neues Volkstheater benannte. Es war die Gegend um die Kommandantenstraße und Alte Jakobstraße mit ihren trüben Mietskasernen, die nie wohnlich und kaum jemals neu gewesen waren. Das Publikum, geführt von den eiligen Referenten, hatte sich längst verlaufen, spärlich tropften noch Bastler und Brodler nach, was jetzt noch kam, gehörte zum Bau oder zu den Sippen und Magen des Autors. „Gehn wir", ermunterten sie sich seufzend; denn damals schien ihnen selbst ein schlechtes Theater noch besser als keines zu sein.

In diesem Augenblick kam eine Gruppe jüngerer Menschen, diskutierend und gestikulierend, an den beiden vorbei. In ihrer Mitte bewegte sich ein älterer Zwanziger, kräftig-untersetzt, blond, aber mit einem sehr brünetten, fast schwarzen Temperament. Während die beiden zur Seite auswichen, rempelte einer der Gestikulatoren Bronnen an, entdeckte gleichzeitig Brecht, den er offenbar kannte, und entschuldigte sich der Einfachheit halber bei diesem mit einem lauten „Bert Brecht, wie geht's?" Der in der Mitte wurde durch diesen Anruf aus dem Konzept gebracht, schaute sich nach der Art kurzsichtiger Menschen gründlich, fragend um und wurde so durch den Ausrufer, einen jungen Schauspieler, erst mit Brecht und dann, da es nun einmal so kam, mit Bronnen bekannt gemacht.

Dr. Moritz Seeler – er war der Blonde, Leiter einer literarischen Konkurrenz-Bühne, die freilich bisher nur durch Programmankündigungen von sich reden gemacht hatte – kannte Brecht als Gerücht, vom Hörensagen. Bronnen indessen hatte er gelesen, schon vor zwei Jahren, als Alfred Wolfenstein dessen erste Stücke, wenngleich stark gekürzt, in dem Jahrbuch „Die Erhebung" herausgebracht hatte. Aber waren das Stücke, die man aufführen konnte? Um den Autor wie um die Stücke schien ihm etwas Gefährliches wie Gefährdendes zu sein. Da sah er auf einmal den Autor, einen schmalen, verlegenen Burschen, kein Pseudonym, legitimiert durch Existenz. „Also Sie sind der Bronnen", sagte Dr. Moritz Seeler, „ich habe mir nie vorstellen können, wie Sie aussehen. Wir wollen Ihren ‚Vatermord' als erstes Stück in der ‚Jungen Bühne' machen."

Bronnen hatte bis zu diesem Augenblick nie daran gedacht, daß man sein Stück aufführen könnte, aufführen dürfte. Er schwieg. Dieses Schweigen bedeutete gar nichts, höchstens Erstaunen. Aber Seeler deutete es als Ablehnung und trat enttäuscht zurück. Brecht trat vor: „Dem kannscht dein Stück schon geben, Arnolt; unter einer Bedingung: Ich mach' die Regie."

Brecht machte die Regie

Es war ein Glücksfall für einen Regisseur, der anfing: ein Autor, der noch gar nicht angefangen hatte. Für Brecht war das fast unvorstellbar; dieser Bronnen hatte drei Dramen – nebst einer dramatischen Novelle – verfaßt, ohne sich dabei im geringsten vorzustellen, daß diese Stücke, noch weniger, wie diese Stücke aufgeführt werden könnten. Es war ein Glücksfall für einen solchen Autor, daß er überhaupt einen Regisseur fand, und nun gar einen Regisseur, der Stücke schon im Moment, da er sie las, in Regiebücher transponierte. Dr. Seeler, der sich damals noch vor Brechts Genie verschloß, weil ihn, Romantiker, der er war, die unbeirrbar aktive literarische Betriebsamkeit des Augsburgers abstieß, erfaßte sofort Brechts andere Seite. Dieser Jüngling, der schon nach vierundzwanzig Stunden ein präzises, nichteuklidisches Regiebuch im Kopfe hatte – nämlich ein Regiebuch, das soviel Dimensionen hatte wie das Stück Personen aufwies –, war für das Theater eine Entdeckung.

Seeler gab Brecht sogleich den Regieauftrag, woran dieser übrigens nicht eine Sekunde lang gezweifelt hatte. Allerdings hatte die Sache einen Haken: Seeler hatte bereits ein fertiges Ensemble für das Stück, und daran war um so weniger zu rütteln, als Seeler seine Darsteller nicht bezahlen konnte. Schauspieler, die um Geld arbeiteten, gab es natürlich, besonders in solchen Krisenzeiten, die Hülle und Fülle;

wo aber gab es Schauspieler, die umsonst arbeiteten? Nun, das Wörtchen „umsonst" hatte für Brechts Ohren einen häßlichen Klang. Es ließ ihn ahnen, daß Seeler auch vom Regisseur unbezahlte Arbeit erwartete.

Die Hypothek, die auf Brechts Regiearbeit lastete, waren die Darsteller von Mutter und Sohn. Die Mutter sollte Agnes Straub, den Sohn Hans Heinrich von Twardowsky spielen. Die Straub lag Brecht wenig; sie war blond, massig, robust und hatte die sentimentalen Adern der Fleischlichkeit. Twardowsky lag Brecht überhaupt nicht.

Dieser Abkömmling aus germanisiertem Beamtenadel war bronnennah und bronnenfern zugleich; bronnennah in einer Neigung zu überspitzter, überdrehter Geistigkeit, bronnenfern, weil ihm das barbarische Temperament des Gehemmten, des Unterdrückten fehlte. Für Brecht war beides uninteressant; ihm war Bronnen nichts als ein Rohstoff, aus dem er den falschen Revolutionär, den, der nach der verkehrten Seite losgeht, zu formen gedachte. Hier sah Brecht auch die Ähnlichkeit in der Problematik zu seinen „Trommeln", und er gedachte aus der Regiearbeit am „Vatermord" Wesentliches für die Überarbeitung seiner „Trommeln" zu lernen.

Wo Brecht war, da war Sicherheit und Entschiedenheit. Dieser schmale, blasse Bebrillte spazierte über die verschiedenen Bühnen, die ihm Seeler anweisen konnte – und sie mußten sich von Probe zu Probe durchschnorren, ohne zu wissen, auf welchem Theater sie zum Schluß die Premiere würden durchführen können –, als hätte er eine jahrzehntelange Bühnenpraxis hinter sich. Er verblüffte zunächst alle, selbst den gewaltigen Heinrich George, den ihm Seeler als den Darsteller des Vaters in die Regisseurhand gedrückt hatte. Nun war George zweifellos eine Fehlbesetzung im „Vatermord", er war nicht der raunzende Wiener Kleinbürger, der weniger am Sohn als am Leben

kaputtgeht, er konnte nicht am Zusammenbruch einer winzigen Vorstadtfamilie den Zusammenbruch eines ganzen Staates, eines Staatensystems verdeutlichen. George brachte Explosionen, jedoch nicht das Ergebnis der Explosionen. Hier sah Brecht über den „Vatermord" hinaus die Möglichkeiten, die George für die Darstellung künftiger Brecht-Dramen mitbrachte. Er legte den pommerschen Giganten auf einen unterkühlten Brecht-Ton fest und war begeistert, je weniger George der alpgeträumten Bronnen-Figur glich.

Anders George. Er hatte das Ethos des Darstellers, der ein großer Darsteller werden will. Er hatte die Fähigkeit, die Rolle zu sehen und sich zu sehen, er war nicht zu betrügen, wenn er sah, daß Rolle und George nicht paßten. Brecht, der die Straub bis zu Weinkrämpfen reizte, kämpfte um jenen

Agnes Straub
Elisabeth Bergner
Alexander Granach
Albert Steinrück

mit erbitterter Zähigkeit. Aber während die Straub und Twardowsky die sadistischen Peitschenhiebe des jungen Regisseurs demütig hinnahmen, pfiff George auf dessen Begeisterung. Die Kräche steigerten sich von Probe zu Probe. Gerade an dem Tage, an welchem Seeler das Neue Theater am Zoo gemietet und die Anzeige für die Premiere am 2. April 1922 an die Zeitungen verschickt hatte, schrie George seinen Regisseur nieder, zog die Rolle aus der weiten Tasche seines teutonischen Lodenmantels, schwang sie ein paarmal wie einen Tomahawk um den Kopf und wirbelte sie dann von der Rampe hinaus über die düster-leeren Bankreihen bis zum Sitz 337 in der fünfzehnten Reihe, wo sie der betretene Autor auflas.

Noch während die Schritte 250-Pfund-schwer verhallten, brach die Straub in einem Weinkrampf zusammen und mußte von der Bühne geführt werden. Brecht verkündete: „Die Probe geht weiter", das „R" des Komparativs ein wenig schärfer als sonst auf die Zunge nehmend. Aber oben saß nur mehr der unglückliche Twardowsky, den Kopf mit den strengen Gesichtszügen auf die schlanken Hände gestützt, vor sich hinstarrend, unfähig zu hören, unfähig zu sprechen. Brecht begriff, daß hier seine Chance war. Er räusperte sich laut, schlug laut sein Probenbuch zusammen, knipste laut das Probenlicht aus, sagte „Guten Tag!" und suchte nach Bronnen, den er verstört in der letzten Parkettreihe fand. Der Regisseur ging auf den Autor zu, seine Augen hatten in dem Dämmerdunkel des Theaters einen satanischen Glanz, der dem Autor fast wie ein Triumph schien, Brecht sagte zu Bronnen: „Ich gratuliere dir. Mit denen wäre es nie was geworden."

Das war ein harter Schlag für die Freundschaft zwischen den beiden

Brecht war ein Freund, der sich für die, welche er seiner Freundschaft würdigte, stark und zäh einsetzte. Das war, wie ein Schlagwort jener Tage lautete, *Realpolitik* und beruhte offen auf dem: *Do ut des*. Wie verhielt sich Bronnen? Er kämpfte in der Tat, zu Seelers Entsetzen, für Brecht und gegen sein eigenes Stück. Aber hatte er auch die richtigen Argumente? Brecht war ein Praktiker der Macht, Bronnen ein Theoretiker der Ohnmacht. Beide übersahen, daß mit Dr. Moritz Seeler eine dritte Energie da war, welche nach dem Mißlingen erster Versuche nur diese eine Karte im Spiel für das Theaterschicksal in der Hand hielt. Sie mußte stechen, oder er war verloren; und mit ihm, so war sein Glaube, alles das, was an neuen Kräften im deutschen Theater nach vorn, nach oben drängte. Darum handelte er, gestützt auf Verlag und Vertrieb, als ob „Vatermord" nicht Bronnens, sondern sein eigenes Stück wäre, gewann den aus dem Karl-Kraus-Kreis stammenden Dr. Berthold Viertel als neuen Regisseur, durch Viertel Alexander Granach wie die Elisabeth Bergner als neue Darsteller, und durch diese österreichische Blutmischung eine Anreicherung des Dramas gerade in der Richtung, in die Brecht vergeblich gestrebt hatte: ins Reale.

Für Brecht war diese Entwicklung umso weniger günstig, als Viertel Zugang zum Deutschen Theater hatte und dem Dr. Seeler die Premiere des neuen Stückes in der Schumannstraße sichern konnte. Gerade auf das Deutsche Theater aber hatte Brecht mit seinen Regiehoffnungen gezielt. Er hatte sofort erkannt, daß dort der schwache Punkt im Berliner Theaterleben war. Max Reinhardt, der politisch noch den guten Typ des österreichischen Liberalismus vor der Jahrhundertwende verkörperte, war kein Freund der Erschütterungen, die sich in und um Berlin abzuzeichnen begannen. Er hatte noch ein Riesen-Straußenei, das Große Schauspielhaus, gelegt, dann aber, enttäuscht ob des geringen Widerhalls, der in jener Stalaktitenhöhle erscholl, sich eiligst in das mildere Klima der Wiener Josephstadt und in das Salzburger Barock von Schloß Leopoldskron geflüchtet. Reichsverweser des Deutschen Theaters und der Kammerspiele war Felix Holländer, bemerkenswert durch gute Gesellschaftsromane und schlechte Dramaturgie. Mit ihm hatte Brecht lange verhandelt, sowohl als Autor wie als Regisseur, und es war ihm fast schon gelungen, den Zaudernden weich zu klopfen. Aber einen jungen Regisseur, der Krach mit Schauspielern hatte? Die Kräche an meinen Theatern mache ich mir alleine, lehnte Holländer den hartnäckigen Brecht ab.

Alles dies brach auch über Bronnen hernieder, der so, vom Glück bereits gezeichnet, zum Partner des Unglücks wurde. Er versuchte, Brecht zu helfen, denn es war diese Magie um Brecht, daß man ihm helfen mußte. Jeder fühlte sogleich, dies war der Bessere, der Kommende, der Endgültige, beug dich vor ihm, wenn er es braucht. Wahrscheinlich brauchte Brecht dies gar nicht, und eher Brechts Freunde brauchten es. Nur so läßt es sich erklären, daß sich Bronnen mit Seeler und der Straub entzweite, daß er die weiteren Proben seines Stücks ignorierte und, mit Brecht bei Aschinger Löffelerbsen ohne Speck, jedoch mit sehr viel Brötchen (sie wurden nicht berechnet) grimmig verzehrend, die Theater insgesamt verdammte.

Es kam der Frühling, nach einem kalten Winter ein kalter Frühling. Brecht litt. Man konnte ihm zwar nicht ansehen, ob er hungerte oder fror; er lebte so sehr aus einer eigenen, unerschöpflichen Substanz, daß er fast bedürfnislos schien. Wo wohnte er? Was aß er? Wer wusch ihm die Wäsche? Sicher war für den Freund nur das eine, daß Brecht, in all seinen Kämpfen und Nöten, mit ungeheuerlicher Intensität an einem neuen Drama arbeitete. Er nannte es damals „Garga". Er nannte es den unerklärlichen Ringkampf zweier Männer in dieser Riesenstadt Chicago, und in der Tat wurde der Kleinstädter Brecht mit dem Problem der Millionenstadt nie ganz fertig. Was aber bedeutete der Kampf zweier Männer, der auch in Brechts dramaturgischen Erwägungen und Gesprächen immer wieder auftauchte? Wenn Garga Brecht war – und er war es –: wer war Shlink?

Das Stück entstand in reißender Schnelle, es war einfach da, und Brecht brauchte es nur niederzuschreiben. Was wollte dieses Drama? Bronnen sagte: „Bert, das bist du. Aber du bist durch ein Gestrüpp von Rimbaud, Baudelaire und Villon hindurchgekrochen, Fetzen von dir, von diesen hängen durcheinander. Was wolltest du sagen?" Brecht meinte: „Den letzten Satz." Der hieß: „Das Chaos ist aufgebraucht. Es war die beste Zeit."

Aber das Chaos war immer noch da. Selbst Chicago war noch da. Vielleicht einen Film schreiben, um dieses Chicago loszuwerden? Das schien Brecht auch eine Gelegenheit, Bronnen, der nach den „Exzessen", nach der „Septembernovelle" in unproduktiver Flaute lag, in eine Zusammenarbeit einzuspannen. Sie sahen damals, nach den unvollendeten deutschen Experimenten, nach dem „Kabinett des Dr. Caligari", nach Paul Wegeners „Golem", die ersten großen Amerikaner, „Zwei Waisen im Sturm der Zeit", die „Geburt einer Nation". Das war die große epische Form, meinte Bronnen. „Aber wir müssen das, was die in der Vergangenheit mißdeuten, richtig in das Scharnier der Zukunft einhängen", sagte Brecht.

Das waren ihre Gespräche auf dem Osterspaziergang. Die Stadt, kalt, unfreundlich, gereizt durch Langeweile an sich selbst, hatte sie vertrieben. Sie waren nun selber zwei Waisenknaben, kein freundliches Häschen hatte ihnen ein rotes Ei gelegt, kein anderer Tisch war ihnen gedeckt als Aschingers 44. Bier-Quell mit Löffelerbsen ohne Speck, und nicht einmal die Theater, nach einer unlustigen Saison, spielten etwas Gescheites. Sie gingen von dem Dorfe Caputh nach dem Dorfe Geltow, eisiger Aprilwind blies über die noch winterlich erstarrte Erde, die Sonne grinste kalt. und sie erwärmten sich, indem sie über rutschige Holzstämme, die längs der holprigen Straße lagen, balancierten.

Bronnen, begeisterter Waldgänger, hatte Brecht, der sonst seinen täglichen Marathonlauf lieber quer durchs Zimmer machte, da hinausgelockt, weil in Geltow, dicht an der Backsteinkirche, ein Fischerhäuschen war, das vom 1. April bis zum 30. September der Publizist und Wiener Landsmann Stephan Großmann samt seiner blonden Familie bewohnte. Großmann hatte einiges Interesse an den beiden bekundet, und vielleicht war auch Verleger Ernst Rowohlt draußen, der in jener Zeit mit Großmann innigst befreundet war. Jedenfalls führten Großmanns ein gastliches Haus, Frau Esther Großmann ließ eine vorzügliche schwedische Küche brutzeln, und Bronnen, der Brechts Abneigung gegen Fahrtauslagen kannte – bei jeder Straßenbahnfahrt pflegte Brecht unheilvoll zu krächzen, daß ein derartiger Luxus sie beide ganz bestimmt ins Armenhaus führen werde –, tröstete den Freund, daß vielleicht sogar möglicherweise ein Täßchen heißen Kaffees den Fahrpreis Berlin–Caputh wieder hereinbringen könnte.

Sie hatten Glück. Großmann begrüßte die beiden Wanderer mit besonderer Herzlichkeit, Rowohlt schmetterte eine

Begrüßungsarie, in welche dessen Sangesbruder, der Schauspieler Jacob Thiedtke, kaum weniger unmusikalisch einstimmte, und außer diesen Gästen aus Theater- und Verlagswelt waren auch zwei Zelluloidleute da, die Filmregisseure John Gottowt und Henryk Galén. Brecht kannte Filme, welche die beiden gemacht hatten, und kam rasch ins Gespräch. Als Großmann hier ein gegenseitiges Interesse verspürte, nahm er, ehrliches Helfenwollen und gutmütige Korruption geschickt mischend, die beiden jungen Gäste geheimnisvoll beiseite und eröffnete ihnen: der Filmregisseur und Produzent Richard Oswald werde demnächst, um Literatur wie Film zu fördern, in einem großen Preisausschreiben 100 000 Papiermark für das beste und modernste Film-Exposé aussetzen. Er, Großmann, wäre in der Jury, und er könnte dafür garantieren, daß die beiden den ersten Preis erhalten würden, falls sie sich an dem Preisausschreiben beteiligten. Bronnen, kein Freund von Preisen und Auszeichnungen, zog erst nicht. Brecht indessen berauschte sich stracks an der immer noch gewaltig klingenden Summe und begann von Sekund' an, einer Filmidee nachzuhängen.

So entstand das Exposé bereits auf der Heimfahrt im Rattern der Vorortbahn. Brecht nannte es knapp und sachlich „Die zweite Sintflut", während Bronnen mit dem romantischen und plakathaften Titel „Robinsonade auf Assuncion" daherkam. Es war ein gemeinsamer Gedanke: Weltzerstörung, und in der Tat hatten beide in jenem Filmprojekt den Tiefpunkt ihrer Auseinandersetzung mit der Realität erreicht. Fabel: Nachdem der Planet in einer ungeheuerlichen Katastrophe entmenscht worden ist, finden sich auf dem Eiland „Assuncion" die letzten drei Überlebenden, zwei Männer und eine Frau. Sie leben in einer Superzivilisation und haben für die kleinsten Bedürfnisse die gigantischsten Apparaturen zur Verfügung. Doch unbelehrt durch die

Katastrophe kämpfen sie weiter, schreiten sie den Weg der Vernichtung tiefer hinab.

Sie hatten einen glücklichen Abend, hockten noch lange in der Nacht, Brecht probierte an dem Stoff herum, während sich Bronnen in geographischen und meteorologischen Visionen erging.

An den nächsten zwei Tagen wollten sie das Filmchen niederschreiben. Doch Bronnen erhielt anderntags die Einladung, zur Generalprobe von „Vatermord" nach Frankfurt am Main zu kommen, und Brecht war am dritten Tage nach Augsburg gefahren. Ein kleiner Zettel, den Bronnen vorfand, teilte mit, daß es äußerst dringende Gründe gewesen wären, die Brecht zu dieser plötzlichen Reise bewogen hätten.

Vier Wochen ohne Brecht, doch mit Tamtam!

Während Bronnen in Frankfurt am Main, in Hamburg, in Berlin drei Premierenschlachten geschlagen, von Rowohlt einen Generalvertrag erhalten hatte, vom Wertheim-Commis zur Gilde der „freien" Schriftsteller emporgestiegen war, hatte Brecht, zwischen München und Augsburg pendelnd, sich auf Stücke und Filme gestürzt. Am 16. Mai, zwei Tage nach der für Bronnens Leben entscheidenden Berliner Premiere von „Vatermord", meldete er seine Ansprüche an.

Mai 22.
Lieber Arnolt,
hier „die 2. Sintflut",
es wäre allerdings gut, wenn Du die menschlichen Geschehnisse etwas verwickelter „gestalten" würdest beim Tippen.
Ich höre von Kasack, Du wolltest „Baal" und „Garga" – hast Du nicht Wegeners Exemplar, das 2. ist bei Dr. Liebmann im Staatstheater, an Jhering geben. Warum? Ich hoffe, Du hast ihm klar gemacht, daß Du mit der Hälfte des Preises nicht einverstanden bist.
Jedenfalls mußt Du ihm sagen, daß <u>ich</u> es <u>auf keinen Fall</u> bin, wir müssen jeder den <u>ganzen</u> kriegen, nacheinander. (Da das Ganze doch nur Reklamewert hat, fällt unsere schöne Geste der Neidlosigkeit untern Tisch, da das Vieh bei mir grunzen wird, es hätte <u>keinem</u> zum <u>ganzen</u> Preis

„gelangt"!) Aber ich warte mit Sehnsucht auf Deinen Brief, den Du am besten gleich nach Augsburg, Bleichstr. 2, richtest.

Wenn du Jakob* siehst, so grüß ihn und sag ihm, er solle unbedingt das Manuskript des „Schweinigel" mir nach Augsburg schicken. Nebst Honorar. Bitte!
Was tust Du sonst? Was bist Du mobil?
Ich umarme Dich
Bert.

Es hing mit Brechts Brief zusammen, daß Otto Falckenberg sich entschlossen hatte, nunmehr den „Vatermord" auch in München herauszubringen.

Das führte zu verdoppelten Kommunikationen zwischen Berlin und München. Bronnen redigierte die „Zweite Sintflut" menschlich, schickte sie an Brecht zurück und mit Brechts Genehmigung, jedoch mit Bronnens Titel in der vorgeschriebenen Anonymität an Richard Oswalds Flimmer-Firma; sie konnten sicher sein, daß die Jury ihre geistige Handschrift erkennen würde. Aber es war nicht bei der „Zweiten Sintflut" geblieben. Brecht hatte, enttäuscht über die zögernde Haltung der Theater ihm gegenüber, noch an zwei anderen Filmen gebosselt, wozu ihn Hans Kyser, filmbegeisterter Dramatiker, der gerade mit einer Verfilmung von Lessings „Nathan dem Weisen" beschäftigt war, angeregt hatte. Diese beiden Manuskripte sandte Brecht gleichfalls nach Berlin, so daß Bronnen, der gerade um die Aufnahme von „Vatermord" in den regulären Spielplan der Kammerspiele des Deutschen Theaters kämpfte – aus Ersparnisgründen lief dort das „muntere Werkchen, bei dem der Vater die Flasche kriegt, aber an den Kopf" (Alfred Kerr) – unter dem Titel „Einen Jux will er sich machen" –, alle Hände voll zu tun hatte.

* *Heinrich Eduard Jacob*

Lieber Arnold,

[illegible] „die 2. [illegible]“ ist schon allerdings gut, aber die die menschlichen [illegible] „gestalten“ [illegible] kein [illegible].

Ich sehe den [illegible], die [illegible] [illegible] und [illegible] [illegible] du nicht [illegible] Exemplar, das 2. ist bei [illegible]

ein Wiener Herzen x von
Schwäng geben. Überrascht
daß Soffi, die hat ihn aber
gewarnt, daß die mit der
Hitze des Kaisers nicht unter-
stehen darf. Jedenfalls mußt
du ihn sagen, daß ich ab dich
wieder still bin, wir müssen
jeder den ganzen kürzen, noch-
wütendes. (Er des Herz daß
mit Beklemmung hat, hielt
weiter schon seit der Weltkr.).
Bitt lieben Süß, da das dich
mit zuchzen nichts, mich halt lie-

uns zum Hungertod gebracht"?
Aber ich werde mit Schascha
nicht drüber reden, da sie eine
besten Flachs noch Augsburg
blechschv. 2 erbstest.
Aber die Zettel hübsch, beguß
sie und sag ihm, er soll unbedingt das Manuskript der
"Schneiderjul" mit nach Augsburg
schicken. Nebst Gurrera-Bild!
Wird dich die heut? Und dich
die mehl?
Ich umarme dich
                              Bert

Brecht war kein geduldiger Autor. Kaum hatte er die zwei Manuskripte geschickt, so zog er das eine zurück und kündigte eine Überarbeitung an. Bronnen wurde zum Briefträger, und das war bei den Berliner Entfernungen eine dornige Sohle. Brecht, der das natürlich wußte, würzte seine Aufträge mit Humor:

Lieber Arnolt,
aber ich fresse böhmische Küche, mein lieber Schwan, aber es gibt weiße und rosa Obstbäume, mein Täubchen, aber ich bringe den steifen Hut nicht vom Genick, mein Ottokar!
Was ist, immerhin, mit den 2 Films für Kyser? Dem „Garga"? dem „Vatermord"? Was ist mit Deiner Reise, mit dem Stephan Großmann? Laß das Nachwort* dran, es ist nötig, schon des Ideenschutzes wegen! Den 2. Film bekommst du mit der morgen abgehenden Post. Schicke mir deine Flüche abgekürzt hierher, Trauter!
Grügragrauße
Bert.

Von der schichen Mariann viele Grüße**
(sie ist hauptsächlich schuld, natürlich.)

---

* *Zu dem ersten Exposé hatte Brecht ein Nachwort geschrieben.*
** *Dieser Satz in der Schrift von Marianne Zoff*

Lieber Harrwolf,

aber ich freue mich besuche dich, mein lieber Schram, aber es geht nicht noch sehr Obstbäume, mein Kindchen, aber ich bringe zu den Ohren Pet auch dem Hund, mein Alteller!

Was ist, indessen, mit den Knie für Kopper! Am Kopfe? Den Unterarm? Was ist mit dem Reiße, mit dem Ohren Hochmaß?

Laß das Nächste denn, es ist nötig, schon die Handschuhe anzieht.

Den ?. thun bekommst du mit der morgen abgehenden Post. Schalte mir ein Buch — abgebilligt — für Herr, hinter!

Hängengedrückt
                                    Karl

Von der ulichsen Marianne
         viele Grüsse
< sie ist herzschwach, schön, natürlich. >

Da war noch das Mißverständnis mit dem Kleist-Preis

Jhering, zum Preisverteiler 1922 bestimmt, hatte noch während der ersten, von Brecht geleiteten „Vatermord"-Proben erklärt, er halte dieses Stück für das preiswürdigste; woraufhin Bronnen erwidert hatte, er halte Brecht für preiswürdiger als sich. Um dies nun zu untermauern, wollte er Jhering zur Lektüre der beiden Brecht-Stücke veranlassen, die jener noch nicht kannte. (Dies war keineswegs als simpler Edelmut anzusprechen gewesen. 1920, als Bronnen noch nackt und frierend über den naßkalten Berliner Asphalt gestolpert war, hatte Poet und Lektor Oskar Loerke ihm von ferne mit der Palme jenes Preises gewinkt, woraufhin Alfred Wolfenstein und Leo Greiner, auch sie Poeten und Lektoren bei Samy Fischer, den jungen Mann aufs großzügigste in solchen Hoffnungen bestärkt hatten. Später entschied sich Loerke für Hans Henny Jahnns „Pastor Ephraim Magnus". Bronnen war von dieser Entscheidung um so mehr betroffen, als er sie für gerecht hielt; aber er wollte seither von Preisen nichts wissen.)

So konnte Bronnen den Freund beruhigen, um so leichter, da er nach dem Berliner Wirbel um „Vatermord" den Preis jetzt wirklich nicht brauchte, während Brecht ihn noch sehr wohl brauchen konnte.

Die Münchener Premiere rückte näher, und Falckenberg lud Bronnen an die Isar ein. Bronnen schrieb Brecht, er würde kommen, wenn sie sich dabei sehen könnten. Brecht erwiderte expreß, das wäre großartig, sie könnten gemeinsam in Augsburg wohnen und von dort aus, so oft wie nötig, nach München fahren. Bronnen sagte zu und sich bei Falkkenberg an.

Knapp vor der Premiere stellte sich dann heraus, daß die Sache doch nicht klappte. Die Marianne ließ Brecht nicht weg, weil sie fürchtete, es möchte in Augsburg eine Nebenbuhlerin auf den Geliebten warten, und Brecht, der im Hin und Her der letzten Monate ein wenig von seiner natürlichen Sicherheit verloren hatte, wußte nicht genau, ob ihm Bronnen in München nützen oder schaden konnte. Die Folge war ein seltsamer Brief:

Lieber Arnolt,
ich bin erst gestern hierhergerollt, als ich kam, unangemeldet, mitten in der Nacht und sah, daß Maschinengewehre aufgestellt waren. Es herrscht ein aufreizender Ton hier und ich werde nicht lang hier ruhig essen und trinken können. Gegenwärtig beschäftigt mich also immer noch das Studium des Problems, wie Du Dich hier zwischen 2 Linien wohl fühlen könntest. Es ist ziemlich demütigend für mich, aber wir werden nachdenken müssen, wo anders wir uns treffen können. Und ich habe mich, beim Teufel, richtig auf Dich gefreut!

Soll ich nun mich in München nach einer Wohnung für Dich umschauen? Ich käme dann natürlich, trotz meiner Pleite, auch hinüber!

Jedenfalls muß irgendeine Lösung gefunden werden, ich denke, daß Du mir dabei helfen wirst, es ist blödsinnig! Bitte, schreib mir also gleich, was Du von München meinst!
Bert

Grüße an die Mewes*, Großmanns, besonders auch die Frau Großmann!

* *Die Schauspielerin Annie Mewes, die von Bronnen damals verehrt wurde*

Lieber Arnold,

Ich bin erst gestern heraufgerollt, weil ich einen Rundgang gemacht, welcher in der Nacht oder früh Waffenstillstand aufgestellt waren. Es herrscht ein aufregender Ton hier und ich weiss nicht lang hier ruhig essen und trinken können. Gegenwärtig beschäftigt mich also immer noch das Schreiben des Briefes, wie Du dich hier getroffen 2 Stücken recht frischer Wurst. Es ist gründlich gemütlich für mich, aber wir werden weiterhin müssen, [illegible] immer noch trinken können. Und ich hab mich, [illegible], richtig auf Dich gefreut!

Soll ich mich mich in München nach einer Wohnung für Dich umschauen? Ich kann dies natürlich, [illegible] meine Zeit, recht freudig! Jedenfalls muss irgend eine Wohnung gefunden werden, ich denke, dass Du mir dabei helfen [illegible] bist bald fertig! Bitte, schreib mir also gleich, wann Du in München ankommst!

Berg

Grüsse an Deine 'Wanda', Kaufmanns. und auch die 'Jenny' Kaufmann.

Wie sehr er Brecht acht Wochen lang entbehrt hatte!

Mit einem Seufzer der Erleichterung ließ Bronnen sich von dem geliebten anderen umarmen und bestätigen, ein paar Minuten, nachdem der Premierenvorhang über dem Spektakel des „Vatermords" gefallen war, in den Kammerspielen zu München. Der Schauplatz war wichtig, und Brecht war sein Herold. Die Stadt an der Isar trug damals noch die letzten Reste ihres antipreußischen Liberalismus auf dem Hut. Noch gab es – während bereits ein Käseblättchen, genannt „Der Miesbacher Anzeiger", die bayrische Ordnungszelle mit rasch wachsender Auflage propagierte – den „Simpl", die „Torggel-Stube", Fingerabdrücke von Frank Wedekind, die „Schlawiner" von Schwabing, die Kathi Kobus, den Ringelnatz, den Karl Valentin als Vorstadtphänomen ohne Snobs, und über diesem bunten Gewimmel die Schußspuren an den Häusern, die an die blutigen Apriltage 1919 mahnten. Unweit in der Festung Niederschönenfeld saß Ernst Toller, für den, als Geschenk eines amerikanischen Bewunderers, Bronnen den soeben erschienenen ersten Band der Dramen von Eugene O'Neill im Gepäck hatte. München, jener Naturschutzpark des Geistes, lag in den letzten Zügen.

Herrliche Junitage. Bronnens skandalumtoste Premiere in Berlin war auch ein meteorologischer Termin gewesen, nach sechs Monaten ungewöhnlicher Kälte und gewöhnlicher Unfreundlichkeit Durchbruch des Sommers, Blütenekstase und Hitzewelle in einem. Auf den Plakaten prangten die „Münchener Festtage 1922". Die Festivität stand im Mittelpunkt, und so war an jenem Mittjuniabend die Premierenfeier wichtiger als die Premiere. Anders als die Berliner Feiern jener Zeit bestand sie nicht nur aus Alkohol. Es gab auch Diskussionen, Fehden und Enthüllungen. Die Frauen, deren Rolle, wie überall, groß war, wollten nicht nur beschlafen, sie wollten ebenso bewacht und erweckt werden. Es wurde etwas von den Männern verlangt, und das gab manchen von ihnen beinahe ein Gesicht.

Die lange Nacht in der kürzesten Nacht des Jahres sah den großen Kreis, der sich um Falckenberg wie stets versammelt hatte, in mehreren Wohnungen. Es waren Schauspieler, Maler, Schriftsteller und Mäzene; wer verdiente, verdiente gut. Für Brecht waren die meisten Themen des Abends uninteressant; ihn interessierten am „Vatermord" lediglich die Regieprobleme, sagte er. Bronnen versuchte, ihm eine Analyse der vier Aufführungen zu geben, die er gesehen hatte: Viertels Berliner Aufführung gebändigt real, die Hamburger Darstellung ungebändigt irreal. Gegensätze waren auch Frankfurt und München. Falckenberg hatte in fast stillen Szenen den explosiven Sohn zur Seite geschoben, hatte mit der Figur des Vaters, welche von Arnold Marlé mit der ganzen Seelenqual des jüdischen Kleinbürgers behängt wurde, so etwas wie eine biographische Ausdeutung von Andeutungen, welche die Person des Autors betrafen, versucht. Der Schauplatz wurde unwichtig, nach vorne traten die Hintergründe. Ganz anders, aber darum auch nicht richtiger, die Frankfurter Aufführung. Hier wurden die Stuhlbeine und nicht die Seelen gequält. Umgestürzte Tische reckten ihr Unterstes zu den Soffitten. Scherben, Fetzen, Speisereste bedeckten den zerschundenen Boden. Es wurde getobt, gebrüllt, gehauen, der Schrei war das Pianissimo. Über all dem vulkanischen Chaos lag bleicher Mondenschein; er hieß Gerda Müller.

Hier wurde Brecht hellwach. „Sie gastiert jetzt in München", sagte er heiser. Sie hatte schon einmal in München gastiert. Schon einmal hatte Brecht, noch in Berlin, von ihr erzählt. „Die wenn ich im ‚Vatermord' hätt!" Wo gastierte sie, wollte Bronnen wissen. Aber Brecht konnte auch nicht antworten. Es war ein großer, sehr offener, sehr redsamer Kreis; Brecht stürzte sich anderswohin ins Redegewoge. In Bronnen saß der Geier, der das Herz dort anfrißt, wo es an die Leber grenzt. Er erzählte weiter von Frankfurt; er wußte, wenn es um Schauspieler ging, würde Brecht zurückkommen. Er kam zurück. Er warf ins Gespräch, daß offenbar niemand von den Frankfurtern, weder Regisseur noch Darsteller, beachtet hätte, daß es sich beim „Vatermord" um einen bestimmten Fall an einem bestimmten Ort zu einer bestimmten Zeit handle, nämlich um den März 1915 in Wien. Doch, sagte Bronnen, eine von den Darstellerinnen habe das gewußt. Brecht erregte sich: „Na, die muß man doch herausheben, die mußt du doch nennen, die kann doch etwas!" Bronnen entschuldigte sich: „Sie hat nur eine kleine Rolle gespielt, das Flüchtlingsmädchen aus Galizien, und sie war halt, glaub ich, eine Wienerin. Helene Weigel hat sie geheißen."
Helene Weigel? Brecht dachte nach.

Es war gut, daß die Nacht erst am Vormittag endete, denn in der überfüllten Isar-Stadt hätte Bronnen ohnedies kein Quartier gefunden.

Sie zogen los, um in Gasthöfen und Pensionen ein Zimmerchen zu ergattern, es war aussichtslos; vielleicht hätte man für Dollars noch ein Sofa erobert. Für Bronnen war das bitter; er hatte in Berlin sein möbliertes Zimmer beim Kellner Strunk in Steglitz gekündigt. Wo sollte er hin? Brecht ließ ihn ein bißchen bis an den Rand der Verzweiflung abgleiten, dann tröstete er überlegen: „Ich hab natürlich etwas für dich, aber wenn ich's dir gleich gezeigt hätte, hättest du mich beschimpft. Jetzt weißt du, daß du's nehmen mußt. Du kannst zum Cas in die Türkenstraß' ziehen."

Cas, das war der Maler Rudolf Caspar Neher, einer von den Augsburger Schulfreunden Brechts, aus dem Freundeskreis, den Brecht schon berühmt gemacht hatte, ehe er selber berühmt geworden war. Ein anderer war Müller-Eisert, der mit Brecht zusammen Medizin studiert hatte. Ein dritter hieß Georg Pfanzelt, aber ob der wirklich existierte, schien Bronnen fraglich, wiewohl Brecht ihm gelegentlich einen Jüngling dieses Namens vorstellte.

Cas, ein großer, kräftiger, blonder Jüngling, der als Vereinsabzeichen eine ähnliche Stahlbrille wie Brecht trug, hauste bei einem grauslich stinkenden Weiblein, das ihm ein schmales Kabinett einer zerwohnten Wohnung eines zerwohnten Hauses vermietet hatte. War es schon fraglich, wie der lange Cas in das kurze Kämmerlein paßte, so schien es unmöglich, zwei Jünglinge in solch ein Gemach zu pferchen. Indessen, es gelang der siebzigjährigen Wittib Baumgärtner, wobei man eben voraussetzte, daß die Schläfer ihre Unterschenkel außerhalb der kurz geratenen Betten ließen. Außer den Betten gab es noch zwei Waschgestelle aus dickem Draht, zwei Schemel, eine Art von Nähtisch und vier Kleiderhaken. Immerhin war der Anblick des Bettes nach mehreren durchwachten Nächten für Bronnen derart faszinierend, daß er allen weiteren Erörterungen durch einen achtzehnstündigen Schlaf aus dem Wege ging.

Cas Neher lebte gerade in seiner Sünden Blüte und war nicht sehr glücklich, plötzlich sein Kämmerchen mit einem Unbekannten teilen zu sollen. Es genügte indessen ein Blick Brechts, ihn seinen Groll für mehrere Stunden verschlucken zu lassen. So kam es zu einer spannungsreichen Symbiose zwischen Tiger Cas und schwarzem Panther Bronnen (wie Brecht diesen nannte), und Dompteur Brecht mußte scharf aufpassen. Seine Wachsamkeit wurde belohnt: Er blieb das Hauptgespräch der beiden.

Die seltsame Luft von München, wo das Wasser bereits bei 95 Grad kocht und wo der 80-kg-Durchschnittsmann um 24 mg leichter wiegt als in Berlin, war von einem Zauber durchweht, der im zwanzigsten Jahrhundert von Jahrzehnt zu Jahrzehnt häufiger geworden ist: vom Zauber des Abschieds. Und wie vor einem Abschied war an der Isar noch einmal alles zusammengekommen, was geistiges, künstlerisches Leben in Deutschland hieß. Im Hofgarten wimmelte es von Autoren, deren Namen die Buchläden schmückten. Man konnte mit René Schickele, Josef Ponten, Otto Flake, Wilhelm Schmidtbonn Kaffee trinken, mit Roda Roda und Rößler Billard spielen, und man konnte feststellen, daß in und um München fast die ganze deutsche Literaturgeschichte, angeführt von Thomas Mann und abgeführt von Hanns Johst, wohnte. Da gab es Theaterenergien wie den roten Recken Albert Steinrück und den feinnervigen, gebildeten Erich Engel. Da gab es die revolutionäre Münchener Jugend, deren Sprecher Johannes R. Becher war. Da gab es den klugen, den unvölkischen Beobachter Lion Feuchtwanger, Schnittpunkt von Theater, Literatur, Publizistik.

Der kleine, vitale Mann mit dem humorvoll resignierenden Gesicht eines süddeutschen Landpfarrers, der zwar noch an seine humanitäre Mission, nicht jedoch mehr an die Kirche glaubt, führte zusammen mit seiner ihn um mehr als Haupteslänge überragenden, an ägyptische Statuen erinnernden Gattin ein üppiges und offenes Haus; nicht nur der Erfolg seiner Dramen, der „Vasantasena", des „Jud Süß", erlaubte ihm dies. Brecht war Onkel Feuchtwangers Lieblingsneffe, dessen Freunde auch Onkels Freunde waren; so war auch Bronnen willkommen. Die Gastmähler in der Georgenstraße waren an der Isar berühmt: Es wurde gut gegessen, gut getrunken und gut gedacht.

Johannes R. Becher

Lion Feuchtwanger
Bertold Viertel

Hier nun wollte zu vorgerückter Stunde Cas Neher zwei Fliegen mit einem Schlage treffen. Der Schlag war eine schwere, bauchige Flasche echt französischen Sektes, die beiden Fliegen waren, unter einem provokanten Langschädel vereinigt, der lästige Zimmer-Mitbewohner und der gefährliche Konkurrent des geliebten Freundes. So stand der große Augsburger, total besoffen, hinter dem Stuhl Bronnens, der gerade mit gierigem Eifer den politischen Gesprächen um Feuchtwangers temperamentvolle Gattin lauschte, welche für Moskau schwärmte. So hörte Bronnen nur das Ende des erregten Disputs, der plötzlich oberhalb seines Nackens entbrannt war. Feuchtwanger war aufgesprungen und hatte Cas Nehers schon zuschlagende Hand im letzten Moment abgefangen. Nun schäumte der, wirre

Drohreden lallend. Feuchtwanger, leicht lächelnd, mit seiner nie lauten, doch sehr hörbaren Stimme, sich vor dem verwirrten und nichts kapierenden Bronnen beinahe entschuldigend: „Ich konnte es gerade noch verhindern. Der hätte Sie zweifellos erschlagen, und mich hätte man eingelocht; ich bin für den „Miesbacher Anzeiger" und den „Völkischen Beobachter" zu allem fähig..."

Bronnen, bis vor kurzem Angestellter einer jüdischen Firma und betreut von einem jüdischen Sous-Chef, konnte gerade hier nicht an drohende Gefahren glauben. Aber Brecht, ein genauer Beobachter, der München auch in seinen verborgensten Winkeln kannte, sah gleiche Gefahren. Sie sprachen ein paar Tage später darüber. Feuchtwanger erzählte, wie in den letzten Wochen Abend für Abend Gruppen von Jugendlichen vor seinem Hause vorbeigezogen wären, antisemitische Schreie ausstoßend und auch Sand nebst kleineren Steinen werfend; größere würden folgen. „Wir werden hier nicht lange in München bleiben können", sagte Feuchtwanger.

Bronnen schüttelte den Kopf. „Die werden es doch nicht wagen", sagte er. Feuchtwanger mußte lächeln: „Gerade Sie bezweifeln das? Ihr ‚Vatermord' ist doch ein Signal für solche Jugendliche, die ja bloß zu Anfang mit Steinen werfen oder mit Flaschen zuschlagen. Die Aufführung Ihres Stückes kann doch nur den Sinn haben, daß man diese Gefahr erkennt."

Brecht erklärte – und ein leiser Ton der Empörung ob Bronnens „Verrat" schwang immer noch in seiner Stimme mit: „So hätte ich es auch aufgeführt!"

Feuchtwanger blieb in seiner freundlichen Skepsis: „Ob das was geholfen hätte..."

Am anderen Tage wurde Rathenau in Berlin ermordet. Nach Rosa Luxemburg, nach Karl Liebknecht, nach Erzberger war der deutsche Außenminister das vierte Opfer auf der Straße des Mordes, die zum Faschismus führte.

Die letzte große Kraft in den Kommandostellen, die noch imstande war, dem republikanischen Reich wenigstens ein fortschrittliches Gesicht zu geben, war beseitigt. Die erste Wirkung auf die deutsche Intelligenz war Lähmung und Furcht. Doch dann begann sich der Protest zu regen, viel papierener, aber auch emotioneller, künstlerischer Protest. Die junge Dramatik, mochte sie politisch noch so unfertig, so unausgegoren sein, war immerhin Protest gegen das Böse, Verrottete, Mordgierige, Alte; so kam sie wieder stärker zu Wort, so wurde das Frühjahr 1922, trotz seiner Tragik, für die jungen dichterischen, für die jungen schauspielerischen Kräfte ein Durchbruch auf breiter Front.

Binnen weniger Tage konnte Brecht erreichen, worum er ein Jahr lang gekämpft hatte. Falckenberg nahm die „Trommeln in der Nacht" zur Uraufführung als erste Premiere der Herbstsaison an. Das Bayerische Staatstheater schloß dank der Fürsprache von Erich Engel einen Vertrag über das Drama „Im Dickicht der Städte" ab. Seeler erklärte sich bereit, den „Baal" in der „Jungen Bühne" zu bringen.

Es war damals, wie immer in Kriegs- und Krisenzeiten, nicht leicht, Theaterkarten zu erlangen, und im Residenztheater waren die Gastspielaufführungen der Gerda Müller, von der man bereits wußte, daß Jeßner sie ans Berliner Schauspielhaus am Gendarmenmarkt engagiert hatte, stets ausverkauft. Brecht hatte Karten. Die Hoffnung auf Segen hatte ihn in Großzügigkeit und Gebelaune versetzt; er schenkte dem Kumpan die Karten. Bronnen, befallen von einer tiefen, schweigenden Gier nach Fruchtbarkeit im Darstellenden, nach Besitzergreifung des Verwandlungsfähigen, sah Gerda Müllers rothaarige Elisabeth. Trotz Jamben und trotz Schiller brach er in die Garderobe der

Gerda Müller

bleichen, erschöpften Schauspielerin ein. Sie waren fast gleichaltrig, siebenundzwanzigjährig, beide hochsommergeboren; aber für die reife, sex-gesättigte Vollfrau, die sich eine tausendjährige dünkte, war der andere kaum mehr als ein überschwenglicher Gymnasiast. So nahm sie ihn, während er sie zu nehmen glaubte.

Brecht glich, wenn man ihn als Lenker und Zentralfigur anerkannte, durchaus einem gütigen und alles gönnenden Vater. Bronnen durfte alles, was er sozusagen als Stellvertreter Brechts vollzog; unter anderen Umständen wäre er Brechts schärfster Konkurrent gewesen. Überdies hatte sich Brecht, seit die Aufführung der „Trommeln" feststand, nahezu in ein Besetzungsbüro verwandelt. Er suchte gerade seine Anna Balicke, die fremdgeschwängerte Braut des

Spätheimkehrers Andree Kragler, und glaubte sie in Blandine Ebinger gefunden zu haben. Vielleicht hätte er da noch mehr gefunden, wenn nicht Marianne Zoff, keineswegs grundlos, stets in der Nähe gewesen wäre. Es ging heiß zu, in und um München. Blandinens Gatte, der einfallsreiche Komponist Friedrich Holländer, der große Komiker Paul Morgan und seine schlanke, charmante, junge Frau Josa, der unvergleichliche Karl Valentin, der das Durcheinander so durcheinander brachte, daß es fast wieder normal wurde, das alles spielte Sommernachtstraum; der Text war nicht von Shakespeare.

Es ging heiß zu; in Brecht wuchs die dunkle, unsichtbare Glut des Willens zur Arbeit. Er hatte in München damals kein eigentliches Heim, kein eigentliches Zimmer; was er brauchte, waren Menschen, Gedanken, Probleme. Mit Feuchtwanger arbeitete er an mehreren Stücken zugleich; geblieben ist davon wohl nur das „Leben Eduards II.". Er wollte ebenso mit Bronnen arbeiten, schlug ihm mehrere Themen vor. Bronnen indessen fand, daß ihre Arbeitsmethoden allzu verschieden wären. Brecht arbeitete in der Entspannung, Bronnen in der Spannung. Brecht spazierte, behaglich an seiner Zigarre schmauchend, durchs Zimmer, hörte sich dabei wollüstig die Argumente und Gegenargumente eines Dutzends Menschen an, witzelte, zwinkerte und blieb doch unbeirrbar auf seiner Linie. Er ritt seinen Gedanken weiter, bis er ihn, großartig und vollendet, keineswegs endgültig, vis-à-vis einem Miniaturpublikum irgend jemandem – und irgend jemand war immer da – diktieren konnte. Sein Hirn schien ein monströses Saugorgan zu sein, das sich mit Polypenarmen Material zuwacheln konnte. Bronnen konnte sich in dieses Köpfekollektiv nicht einfügen. Er rühmte sich eines selbsttätigen Gehirns, behauptete, eine Gedankenkette andenken zu können, so daß sie sich von selbst weiterdachte. Er hatte stets in sich genügend Material, stieß eher Material ab, so, wie er auch während der Arbeit Dampf ablassen mußte, um sich nicht zu überhitzen. Überdies war er sehr leicht beirrbar. Zu Hochmut neigend, fand er allzu früh, daß er bei Brecht nichts lernen könnte.

Brecht lächelte und lernte – auch bei Bronnen. Bronnen hatte schon vor dem Kriege begonnen, alle seine Manuskripte in Kleinschrift zu verfassen. 1919 ging er dazu über, die Satzzeichen gleichfalls auszumerzen. Das erste, was von ihm gedruckt wurde, ein Aufsatz „jugendkunst" in der Zeitschrift „Der Leib", wies dadurch einen Stil auf, der wesentlich vom Formalen her geprägt war. In der „Septembernovelle" glich sich dies bereits mehr aus. Immerhin gab die Schreibung ohne Satzzeichen und Großbuchstaben ein Vakuum in den Zeilenabläufen; sie erzwang eine Rhythmik der Satzbildung, die schließlich auch in die Gedankenformung eingriff. Brecht machte Versuche mit dieser Schreibart, zuerst bei Notizen und kleinen Mitteilungen. Er merkte die Vorteile. Die schädliche, die chargierende Überbetonung des Substantiellen, des Statischen, verschwand mit der Schrift auch aus den Gedanken. Das Dynamische, das Aktive gewann an Gewicht; das Schriftbild, das Druckbild wirkte auch auf die Wertigkeit der Gedanken zurück.

So war in diesen Tagen bei Bronnen an die Stelle erster, stürmischer Liebe ein genaues, distanzierendes Beobachten und Abwägen getreten; während für Brecht das Problem der Zusammenarbeit eine Forderung seiner natürlichen Überlegenheit war, die sich ebenso auf eine sehr untergründige Herrschsucht wie auf die Notwendigkeit, im Literaten-Dschungel das Prestige zu vergrößern, stützen konnte. Trotzdem war noch viel Gemeinsames da, das sich nicht nur auf die Abwehr der gemeinsamen Feinde beschränkte. Feuchtwanger, der über seine 38 Jahre reif war, fühlte das und hatte seinen Spaß an den jungen Burschen,

Carola Neher

die – das galt besonders für Bronnen – unter ihren Jahren unreif waren. Er testete sie gerne auf ihre Lebensgier, auf ihren Menschenappetit, auf ihre Verdauungskraft, die manchmal bis ins Groteske übersteigert war.

Eine junge Schauspielerin hatte in den Kammerspielen Falckenberg vorgesprochen. Aber Falckenberg, der kürzlich erst eine von ihm erzogene Elisabeth Bergner an Berlin verloren hatte, fand das Fach der Knaben-Mädchen auch in München überbelegt und konnte sich zu keinem Engagement aufraffen. Das schwarzhaarige Mädchen, ehrgeizig, glühend, sehr fremd und sehr verlassen, hatte sich daraufhin an Feuchtwanger mit der Bitte um ein Rendezvous gewandt, weil sie sich von dem berühmten Dramatiker – der Epiker Feuchtwanger trat erst nach 1925 stärker hervor – Hilfe erhoffte. Dieser, der sich der Großzügigkeit seiner Gattin nur diskret bedienen wollte, hatte das Mädchen zwar an den Chinesischen Turm im Englischen Garten bestellt, war aber einigermaßen entschlossen, es zu versetzen. So erzählte er diese Geschichte, ein wenig blinzelnd und ein wenig belustigt – wohl mehr um des Kommenden als um des Gewesenen willen – den beiden jungen Menschen, für die auch die Untreue noch ein Abenteuer war. „Sie hat nichts anzuziehen, ein billiges Fähnchen", sagte Feuchtwanger, „und wahrscheinlich nicht einmal die zehn Mark für eine Tasse Kaffee. Es sollte wer Zeit haben und hingehen, sie ist so eine nette, kleine Hur'."

Sie waren beide gebunden, und doch klang hier ein Appell durch die Ritzen von Feuchtwangers absichtsvoll ironischer Diktion. Eine Schauspielerin, die an Dramatiker appelliert! Bronnen schenkte die „nette, kleine Hur'" dem Feuchtwanger, ging zum Chinesischen Turm und zahlte den Kaffee, um das Mädchen aufzuwärmen. Brecht, klüger, ließ sich von den Kammerspielen, denen er irgendwie noch angehörte, die Adresse geben und bestellte das Mädchen zu sich, was zur Folge hatte, daß es über die Vermittlung des Regisseurs Leo Mittler nach Breslau engagiert wurde. Dort, den Verkehr mit Dichtern nun einigermaßen gewöhnt, lernte es den Dichter Klabund kennen und heiratete ihn. Kurz nach dem Tode dieses guten, reinen, rührenden Menschen wurde Carola Neher, geboren in Graz, geliebt in Berlin und gestorben in Moskau, Brechts erste Dreigroschen-Polly.

Der Sommer verging

Wunderbare Tage in einem gar nicht wunderbaren Sommer: Brecht genoß sie, die Tage und die Menschen dieser Tage wie ein Fürst, der inkognito unter seinen Untertanen weilt; ein Wissender unter den Unwissenden. Er sammelte Bekanntschaften, und er wußte, daß dies die beste Zeit dafür war, wie fürs Pilzesammeln. Er nahm Bronnen zu seinen Sammelfahrten mit, wobei dieser wie ein Schild die Speere auffing; in seinem Schatten beobachtete Brecht und lernte.

Sie wären damals gern in München geblieben, während sich droben im nordischen Reich schon das Gewitter des Ruhr-Konflikts über dem westlichen Horizont aufstockte. Es war wie ein Mückentanz in einer Sonnenpause. Vor den beiden jungen Menschen zog die ganze deutsche Literatur vorüber und vorbei. Dauerhaft blieb von dem allen nur der Kontakt mit Johannes R. Becher, den Brecht von dessen frühesten Gedichten her kannte, und mit Arnold Zweig, der, mit Mariannes Bruder Otto Zoff befreundet, damals schon Ideen entwickelte, wie sie später in seinem Grischa-Roman Gestalt und Befruchtung wurden. Ein Abend am Starnberger See, skandiert von fernen Blitzen über den Alpen, gab Zweigs Worten Erinnerungsschwere.

Brecht war damals im Aufnehmen neuer Menschen unersättlich; Bronnen verdarb sich den Magen daran und floh ins Salzkammergut, nicht ohne Gerda Müller mit sich auf das rauchige Bähnlein zu verfrachten. Bei Ischl gerieten sie in Schnürlregen und in ein Landgasthaus; von ferne dröhnten Maschinen in das Anti-Idyll. Bronnen bekam die Idee eines sentimentalischen Dramas und Gerda Müller Husten; ihre Liebe schmolz von beiden Enden hinweg. Das ging so schnell, daß sie versäumten, es sich zu gestehen. Eine Flucht nach München zurück, das sich mit der Morgenkälte der Augusttage bereits als Zwischenstation enthüllte. Gerda fuhr nach Frankfurt, um dort ihren Haushalt aufzulösen und zur Übersiedlung nach Berlin zu verfrachten. Brecht stak schon mitten in den Proben zu den ,,Trommeln", und diese Proben begannen bei ihm, wie es richtig war, damit, daß er sein Stück für die Schauspieler umschrieb. Bronnen wiederum wehrte sich vergebens gegen das Zucken in den Fingern, das ihn an die Schreibmaschine drängte. Ein kurzer Abschied zwischen den beiden; er sollte nur für kurze Zeit sein. ,,Ich komme gleich nach den ,Trommeln' hinauf", sagte Brecht ,,Besorg eine Wohnung für uns!"

Bronnen versprach's und fuhr nach Berlin.

Während die „Trommeln in der Nacht" auf den Morgen warteten,

versuchte Bronnen das Arrangement einer gemeinsamen Existenz mit Brecht in Berlin. Die Stadt war überfüllt. Die N. E. P. in der Sowjetunion hatte erneut Hunderttausende weißer Emigranten über die Grenzen gespült. Auf dem Tauentzien und am Kurfürstendamm hörte man fast mehr Russisch als Deutsch. Die Preise stiegen wirr wie Luftballons. Es gab, natürlich, keine Wohnungen, es gab, unnatürlich, auch keine Zimmer.

In Steglitz sollte es besser sein. Wieder, wie vor dreißig Monden, stand Bronnen vor dem Haus in der Grunewaldstraße, er wollte bei Dr. Servaes Erkundigungen einziehen. Dessen Frau war inzwischen gestorben, die jüngeren Kinder hatten geheiratet, der Doktor, erkrankt, wollte sich eben auf längere Nachkur begeben, die Wohnung stand im Begriffe, unbehütet und leer zu sein. „Sie kommen wie gerufen", sagte Dr. Servaes. Bronnen mißtraute den Stichworten seit je. Steglitz war von Berlins Theatervierteln durch mehr als durch die zehn Kilometer Entfernung getrennt. Er spielte mit der Reiseschreibmaschine auf dem Schreibtisch von „Onkel Servaes", wie er als Kind den Mann in Wien genannt hatte, wo dieser der ersten Garde der Wiener Kritik zugerechnet worden war. „Ich lasse Ihnen das Maschinchen leihweise für unbestimmte Zeit, falls Sie die Wohnung hüten wollen", sagte Dr. Servaes. So hütete Bronnen.

An Brecht gingen Briefe ab, ob er mit dem provisorischen Quartier in Steglitz einverstanden wäre. Brecht antwortete nicht. Bronnen wurde unruhig. Er wollte arbeiten, es war ihm hinderlich, daß er nicht in Stetigkeit arbeiten konnte. Brecht sollte sich klar äußern, was er wollte, wo und mit wem er wohnen wollte. Brecht äußerte sich weder klar noch unklar. Verzweifelt sandte ihm Bronnen ein dringliches Telegramm. Es blieb ohne Antwort. Da traf er, in letzter Sekunde, den Cas Neher, der unentschlossen zwischen München und Berlin pendelte und eben wieder zu Brecht nach München – auf einen Sprung – hüpfen wollte. Er trug dem Maler auf, bei Brecht für sofortige Antwort zu sorgen; andernfalls wären die diplomatischen Beziehungen abgebrochen.

Darauf antwortete Brecht:

lieber arnolt
was ist ein mördergewissen gegen die stinkende fekaliengrube in meinem hinterhaupt
aber dein telegramm habe ich nicht bekommen ehe denn gestern
heute aber intrat neher mit einem kuß auf den händen für dich
ich habe trommeln umgeschrieben und mit marianne geredet that's all
aber natürlich brauche ich die wohnung und sie muß warm sein
es genügt übrigens für den 15. ich komme wohl früher kann aber so lang wo anders kampieren
wirf doch eigenhändig die servaeswanzen aus den kammern mache sie dem erdboden gleich belagere sie spucke ihnen in den kaffee
sperre ihnen die heizung ab bohre die schuhe an provoziere sie

schbeibe sie an
wenn biti friert geht biti heim zu papa
rufe doch auch im verlag kassierer an dr. veilchenfeldt ob er nicht wohnung weiß
ich habe inzwischen schon alle leute darauf gehetzt für januar februar uns in münchen quartier zu machen
ich weiß nicht was dich hinderte wohnung zu suchen
hier finde ich allerdings einen brief an dich unabgeschickt nun wenn schon
nagle was die wanzen betrifft einen milchner unter ihren tisch einen trächtigen hering unter ihre tischplatte daß sie stinken wie die pest und werden ausgewiesen wie die aussätzigen
sei nett zu cas und zeige ihm das kalte chicago
reibe ihn mit schnee wenn es ihn friert und wenn er wunden entdeckt am abend streue salz hinein
auf daß seine nase riechen lernt auch wenn sie breit geschlagen ist und er sie wieder restaurieren lernt nach dem gedächtnis
kurz weihe ihn ein mit pisse in die geheimnisse des kalten chicago
und wische ihm das ärschchen mit dem reibeisen
daß er es merkt
mich aber absolviere weil du ein sünder bist
und wie geht es gerda meiner großen schwester
tu ihr pfeffer in die whiskies daß das teater nicht abstirbt amen
was die wanzen anlangt beschäme sie durch güte und bescheiße sie durch list
auf daß sie abgehen wie bandwürmer
und nimm meinen segen zu diesem allem mein sohn
oh du augenwonne seligkeitsnabel rauchfleisch
   dein b.

Die Ur-Brecht-Aufführung in München durchfuhr wie ein Blitz die dramaturgischen Höhlen Deutschlands

Das Nachtgetier kam zu Tage, und die Lichtscheuen purzelten übereinander. Es gab ein Gequirr und Gekreisch wie im Affenkäfig. Bronnen, welcher der Premiere entgegengefiebert hatte – bei seinen eigenen Premieren war er stets von einer bemerkenswerten Ruhe gewesen –, war zunächst verwirrt und verstört. Er hatte Brecht noch vor der Premiere seine innigsten Wünsche zutelegraphiert, und so war es die erste Erleichterung, als ihm Brecht sogleich antwortete:

lieber arnolt
vielen dank für das telegramm
mit den trommeln ist es gut gegangen es regnete nicht ins teater
ich bin nur mehr haut und haar
es ist gut daß du eine wohnung hast ist es auch warm dort?
die füße untern tisch und den tabak in die nase und eine freche fotze geführt
solchen müssen alle dinge zum besten dienen!
ich komme wohl montag früh hoffentlich mit schlafwagen aber du kriegst eine depesche
kannst du nicht zu klöpfer gehen und ihm feuer unter dem arsch machen weil das deutsche teater den baal spielen will und george soll ihn spielen aber er hat es versprochen

*du warst dabei es ist ein verdammter wortbruch desertion
vor dem feind ich verstehe ihn nicht –
kiepenheuer habe ich depeschiert daß ich ohne klöpfer nicht
vertrag mag
sag es auch viertel
wie siehst du aus?
du mußt rot aussehen ißt du genug kalbfleisch
wie geht es mit der polnischen gerda
wie die singt!!!
ich bringe einen lampiong mit in die aussteuer, die gittare,
die schreibmaschine
du mußt den humor bringen, gerdas gesang, zigaretten
ich bringe auch projekte mit und ein feigenblatt
und den steifen hut mensch*
  Bert
Augsburg 3. 10. 22

Der Brief klang beruhigend und übertönte das Geschwätz, das Horst Wolfram Geißler in der München-Augsburger Abendzeitung und Hermann Sinsheimer in den Münchener Neuesten Nachrichten losgelassen hatten. Noch zögerten die positiven Stimmen, laut zu werden. Erst am 5. Oktober sollte Herbert Jhering im Berliner Börsen-Courier die Aufführung als das künstlerische Ereignis des Jahres schlechthin werten, und bis zu Joachim Friedenthals Ausspruch im Neuen Merkur, mit Brecht beginne „eine neue Morgenfrühe deutscher Dichtung" sollte es vollends noch Monate dauern. Bronnen glaubte, allem Gehörten und Geschriebenen entnehmen zu können, daß auch die Lobpreiser Brecht nur als formales Ereignis des Theaters werteten; zur Sache selbst, die Brecht vortrug, redete niemand.

Nun war es gerade die Sache selbst, die Bronnen in den „Trommeln" beunruhigte. Er war nicht politisch genug erzogen, um zu wissen, daß die bürgerliche Kritik gar nicht anders konnte, als Brecht formal zu nehmen. Hatte Brecht selber damals eigentlich anderes getan? Da war ein Stück, in dem die Arbeiter gegen ihre Räte, in dem Enoch Arden gegen die Revolution auftrat; da war eine dramatische Barrikade errichtet, über die der Autor selber zu springen scheute; da war das ganze Unglück jener unglücklichen Jahre, aber so klein gesehen, daß die Ironie überlief und nach beiden Seiten ätzte. Diese Ironie verhüllte und verriet ein seelisches Trauma. Welcher Art war es? War Brecht von der Revolution, war die Revolution von Brecht enttäuscht worden? Bronnen hatte nicht zur Premiere nach München kommen können, weil für den gleichen Freitagabend, den 29. September, Gerda Müllers erste Berliner Premiere angesetzt worden war; nun, nach Brechts Brief, riß es ihn, er mußte die ,,Trommeln" sehen, er wollte aus den ,,Trommeln" sehen, was los war, er konnte nicht länger warten, mit Brecht über alles zu sprechen, was ihn bedrängte.

So dampfte Bronnen, nachdem er zwei Tage lang vergebens auf Brecht gewartet hatte, am Mittwochabend nach Augsburg und traf dort am Donnerstagfrüh ein. Brechts Bett war noch warm, er selber aber saß im Zuge nach Berlin. Bronnen starrte Papa Brecht fassungslos an. Der war gastfreundlich, gab ihm Trost und Quartier, ein wärmendes Frühstück und guten Rat: Bronnen könnte ja von Augsburg aus nach München zu den ,,Trommeln" fahren, es gäbe gute Spätverbindungen. Bronnen blieb, weniger wegen der Reden des Vaters als weil er zu niedergeschmettert war, um anders als passiv reagieren zu können. Dazu lähmte ihn die Atmosphäre in der Bleichstraße. Gleich hinter dem Haus lag dunkler Teich und schwärzliches Gewässer. Schillernde Blasen kokettierten, sie hätten schon den Knaben Brecht zu Gedichten mit Wasserleichen inspiriert. In der düsteren puritanischen Wohnung brummelte eine Wirtschafterin zu den trockenen, knarrenden Worten des Witwer-Vaters. Eigentlich lebendig war nur Berts jüngerer Bruder Walter, abgöttischer Verehrer des Älteren und mit diesem offensichtlich in einigem Kontrast zu der väterlichen Autorität, die ihrerseits die Söhne nicht allzu hoch einschätzte.

Bronnen blieb die paar Tage in der Bleichstraße. Er saß an Brechts Tisch, schlief in Brechts Bett, sah Brechts Stück im Theater. Er verdämmerte die Frist, immer noch passiv, wartend, ob Brecht Nachricht aus Berlin geben würde, denn niemand wußte, wo er nun wohnte, da er zweifellos bei Bronnen nicht wohnen konnte. Brecht blieb verschollen, und Marianne war in Wien. So fuhr Bronnen denn wieder nordwärts, am gleichen Montag, an dem Brecht seinerseits südwärts fuhr. Es war eine perfekte Anti-Verabredung, arrangiert von Mephistopheles.

Sowie jeder wiederum in seinem Städtchen saß, strömte der kommunizierende Redefluß auch wiederum durch die Röhren der Post. Bronnen begann sein Stückchen, genannt „Verrat", und sandte Nachricht davon nach Augsburg. Brecht antwortete:

lieber arnolt
an meiner wiege haben sie mir ein chanson gesungen
rothäute behandelten meinen skalp als abortpapier
zwischen weidenweibern in graugrünen dämmerungen
kam ich oft auf mich zu als ein haariges ozeantier
(ozeantier!)
in den städten grassierte damals die civilis
den affen fielen die haare aus und sie wurden versöhnlich
man rauchte las zeitung trank cognac schlief schiß
machte den himmel zu und wurde gewöhnlich
wie gehst du
mir ist der magen schwach mamma

*da ist die horizontale da und soweit wäre alles in ordnung
aber
die ratten in den ecken die bösen träume
hast du die wohnung
schreib mir was deiner ansicht nach in einem hannibal drin
sein muß
nimm einen konversationslexikon dazu
und bitte schick bittis filme an kasack der filme druckt
schreib aber das über hannibal in die schreibmaschine daß
ich einiges davon lesen kann im gegensatz zu den gefühls-
äußerungen
trinkst du auch genügend kakao?
einen gruß an meine große schwester von ihrem großen
bruder trinkt sie säuft sie schläft sie nicht
sollen wir uns wie die geier um die leichenrede raufen
habt ihr klöpfer gesagt er muß den kragler spielen
kann ich bald den verratabzug haben?
was sagt gerda dazu
morgen werde ich in münchen über das lustspiel reden
mit teufelszungen und erzgurgel
aber jetzund: küss die hände
    Euer B.
Augsburg 22 Okt.*

Fast glich es einer Ehe zwischen zwei verlassenen Bräuten

Als nämlich Bronnen den Cas Neher irgendwo zwischen dem Deutschen Theater und dem Romanischen Café traf, stellte es sich heraus, daß der fürsorgliche Augsburger beide auf eine Wohnung gehetzt hatte, um mit dem jeweiligen Wohnungsinhaber zusammenzuziehen. So taten sie denn in ihrer Empörung das Einfachste: Sie zogen ihrerseits zusammen. Bronnen hatte es damit eilig. Er war, nachdem er das Servaes-Haus verlassen hatte, in die Fänge einer jungen Wittib geraten, die ihm und sich außerdem an seinen Sachen zu schaffen machte. Der überstürzte Auszug aus dem Witwenheim hatte peinliche Folgen; zu spät merkte er, daß die neugierige Vermieterin sich ein Paket Liebesbriefe von Gerda Müller ausgeliehen hatte, so spät, daß jene Vermieterin inzwischen die Briefe an die Berliner Skandalpresse verhökert hatte. Es war das Ende einer Liebe, die eigentlich nie richtig angefangen und am stärksten in der Phantasie Brechts existiert hatte.

Bei einer Wallonin kehrten sie ein. Frau Zisseler-Neuray gab Französischstunden und erzählte gerne von Algerien, wo sie ihre Jugend mit sadistischen Exzessen gegenüber eingeborenen Mädchen verbracht hatte – sofern ihre Erzählungen ebenso stimmten wie ihre Rechnungen über Tee, Margarine und Wäsche, die sie ihren Mietern sehr akkurat ausfolgte. Sie hatten zwei große Zimmer im üblichen Plüschstil und mußten, da sich Frau Zisseler-Neuray jeglicher Um-

Caspar Neher

*Brecht und Bronnen
Zeichnung
von Caspar Neher*

ordnung hysterisch widersetzte, in zwei Ehebetten nebeneinander schlafen; zum Glück hatten sie ähnliches bereits in München geübt.

Die Zeit wurde trüber. Das Geld wurde immer mehr Papier. Die Mark, von Tag zu Tag sinkend, hatte am 1. November 1922, als Neher und Bronnen in der Passauer Straße einzogen, noch den 300. Teil ihres Goldwertes. Ein Vierteljahr später gingen 20 000 papierene auf eine goldene oder Friedensmark. Bronnens Jahresvertrag aus dem schönen Monat Mai war demnach im Winter 250 Pfennig wert, und wovon Cas Neher lebte, war diesem selber unklar. Ihre tägliche Hauptmahlzeit wurde eine Riesenkanne dünnen Tees mit Margarinestullen, und im übrigen hatten sie keinerlei Sorgen, ihr Geld so schnell wie möglich loszuwerden; sie hatten keines.

Sie waren zwei sehr verschiedene Temperamente, und sie litten aneinander; aber die Wallonin bestand darauf, ihnen den Tee nur einmal und nur gemeinsam zu verabreichen, und das zwang sie zu einer in den Grundzügen ähnlichen Tageseinteilung; zum andern weilte der Mann, der sie in diese Gemeinsamkeit gebracht hatte, trotz aller Abwesenheit unter ihnen und erzwang so eine Fortdauer der Gemeinsamkeit. Was wird der Bert jetzt tun, war ihre tägliche Frage. Der hatte inzwischen geheiratet, in ziemlicher Stille, da er es wegen des Kindes tat, das Marianne erwartete. Was Brecht erwartete, war die Aufführung der „Trommeln" im Deutschen Theater. Darüber lief ein heftiger Meinungsaustausch zwischen München und Berlin hin und her, fast nur in der Form von Telegrammen; denn diese waren meist billiger als Briefe, da die Post ihre Tarife nicht so flott hinaufsetzen konnte wie die Händler ihre Preise für Briefpapier.

Zum Glück war der November sehr mild; warm-feuchte Südost-Strömungen kamen für die mangelnde Heizung auf. Zum Unglück war er dumpf und dunkel; das elektrische Licht versagte oft für ganze Abende, oft flackerte es nur mit halber Kraft. Man dachte an die Kämpfe vor vier Jahren, in der Dämmerung wuchsen Barrikaden quer über die Straßen, durch den Schlaf gellten Schüsse. Hatte es nicht die ganze Nacht getrommelt? Natürlich, das war die richtige Stimmung für Brechts Stück, jetzt mußte der Vorhang aufgehen, um zu erschüttern, zu entlarven. Warum ging er nicht auf?.

Für die Bühnen, wie sie damals bestanden, war der beste Autor ein toter Autor; der zweitbeste war einer, der nichts verstand. Brecht verstand etwas, er hatte eine ganz exakte Vorstellung von seinen Stücken, er hatte nicht nur Text, sondern auch Raum und Regie gedichtet. Er war, noch ehe er irgendwo aufgeführt worden war, der Schrecken des durchschnittlichen Regisseurs, das Entsetzen des Theaterdirektors. Er diktierte die Besetzung, von der ersten bis zur zweiundzwanzigsten Rolle; er kämpfte mit nie erlahmender Zähigkeit für den Darsteller, für die Darstellerin, die er in sein Szenenbild eingebaut hatte.

Dabei hatte Brecht den Berliner Schock vom Frühjahr noch nicht ganz überwunden. So kam er immer nur fast heimlich nach Berlin, sah sich ungern bei seinen Sprüngen ertappt, machte nur Vorspiel. Zweifellos war es sein innerster Wunsch, die Regie der „Trommeln" selber zu übernehmen; aber Felix Holländer, unter der Last des Reinhardtischen Statthaltertums immer mehr magenübersäuert, seesiecher Kapitän bei Windstärke zehn, lief schon bei der Andeutung vom Regisseur Brecht – so sehr er den Dichter Brecht ehrlich liebte – grün und gelb an. Holländer wußte, daß die „Trommeln" so bald wie möglich aufgeführt werden mußten; Regisseur Brecht bewies, daß er auch gegen die Interessen des Dichters Brecht handeln konnte. Eine Einigung kam erst zustande, als Herbert Jhering den Namen Falckenberg in die Debatte warf. Brecht, der Falckenbergs Schwächen genau erkannt hatte – denn Falckenberg vereinzelte die Charaktere, hatte kein Organ für gesellschaftliche Unter- und Hintergründe –, konnte nicht nein sagen. Damit war freilich entschieden, daß Brechts Berliner Premiere – wegen Falckenbergs Münchener Verpflichtungen – in der ungünstigsten Zeit des Theaterjahres, knapp vor Weihnachten, stattfinden mußte.

Die „Trommeln" trommelten, aber wer hörte sie?

Es gab zuviel Nebengeräusche. Die wenigen, die urteilen hätten können, urteilten nicht nach der problematischen Situation eines problematischen Stückes, sondern sie beurteilten einen Dichter als problematisch, dessen Problematik darin bestand, daß er am Beginn und nicht am Ende seines Weges war. Das Ergebnis konnte kaum anders als kläglich sein. Es war schlimmer als kläglich. Bronnen hatte es vorausgesagt: Die Überschrift über die Premiere würde nicht heißen „Brechts Berliner Premiere", sondern „Die Rache des Alfred Kerr".

Alfred Kerr, heraufgekommen als der Herold Gerhart Hauptmanns und an der kritischen Macht in der Reichshauptstadt geblieben als ein unerbittlicher Schlächter des Neuen und Wagemutigen, war der Hüter des literarischen Paradieses; an ihm konnte niemand vorbei, und er wußte das. Einer der besten Stilisten seiner Zeit, verband er scharfen Witz mit Wissen und Einfallsreichtum. Zu seinen Hauptwaffen zählte die Interpunktion – und selbst der gemeuchelte Autor empfand noch Vergnügen an dem geistreichen Komma, mit dem Kerr ihm den Kopf vom Rumpfe trennte. Er besaß fast alle Attribute eines großen Kritikers, und nur eine Kleinigkeit fehlte ihm: Gesinnung. Ein guter Witz war ihm mehr wert als das Schicksal eines jungen Darstellers, und im Kampf gegen manche jungen Autoren entwickelte er die Jagdleidenschaft österreichischer Erzherzöge.

Brecht hatte in Kerrs Augen einen schweren Fehler: Er war vor ihm von Herbert Jhering entdeckt worden. Dabei hatte Brecht es ihm leicht gemacht: Er hatte Kerr schon vor vier Jahren sein erstes Stück, „Baal", zugesandt. Demgemäß begann er auch sein Verdikt über die „Trommeln" mit der Bemerkung, die sowohl Brecht wie Jhering treffen sollte: „Als der Verfasser mir vor bald fünf Jahren das Manuskript des Schauspiels ‚Baal' schickte (beiläufig: das Durchlesen von Manuskripten bleibt manchmal, die Zurücksendung nie möglich – man ist ja kein Speditionsgeschäft; Herr Brecht bekam seins zurück) ...waren das allerhand Szenen mit Dämmer, Licht, Stuben, freiem Himmel – ungefähr in Büchners Art; oder, wie wenn's bei Goethe heißt: ‚Nacht. offen Feld'. (Kein Schauspiel; ein Chaos mit Möglichkeiten.)

Sein späteres Stück, ‚Trommeln in der Nacht', hatte vor Monaten an der Isar einen Erfolg – und war jetzt, ohne Flausen und Fisematenten, was halb Enttäuschendes..."

Brecht war zu den Proben gekommen, nicht in guter Stimmung. Er hatte gewußt, daß Falckenberg zu sacht für Berlin sein würde, zu leise und zu langsam. Er hatte wenig Zuversicht, wenn er bei den Proben im Deutschen Theater Falckenbergs Bemühungen verfolgte. Er griff mehrmals ein, kletterte auf die Bühne, sprach vor, akzentuierte; die Schauspieler hörten es nicht gerne. Sie stießen sich an Nebensächlichem, weil Brechts harte, scharfe, an Frank Wedekind geschulte Dialektik im Falckenberg-Stil durchaus nicht unterzubringen war. Bronnen sah eine zweite Schwierigkeit: „Da kommen ein Augsburger Dichter und ein rheinischer Regisseur, sehr verschiedenartig und nur in geographischer Zufälligkeit mittels des größten gemeinsamen Nenners ‚München' verbunden, nach Berlin, um den Berlinern ein in Berlin spielendes Stück zu zeigen. Ob das gut gehen kann?" Der Einwand, ob nun überhaupt geschickt

oder ungeschickt, kam auf jeden Fall zu spät und erbitterte Brecht. Brecht wollte Kritik, er kam nach jeder Probe, die Bronnen mit angehört hatte, zu diesem und wollte Kritik hören; gierig nach Kritik, hörte er Kritik sogar aus dem Lob heraus. Aber Kritik mußte immer eine Analyse mit Möglichkeiten der Synthese sein; wo sie *Fest*-Stellungen traf, wurde sie von Brecht mit verletzender Schärfe abgelehnt.

Es war das erstemal, daß sie sich nicht verstanden. Brecht wurde mißtrauisch, und Bronnen wurde durch Brechts Mißtrauen enttäuscht. Dem Österreicher war es klar, daß ein halber Erfolg des Freundes für den andern ein ganzer Mißerfolg sein müßte – was dann auch die Kerr-Kritik bewies. Brecht indessen dachte in konzentrischen Kreisen, was ihm erlaubte, moralische Forderungen sowohl auf sich selbst zu reduzieren wie auf ein Kollektivwesen zu projizieren.

An dem Abend des Tages, an dem die Kritik von Alfred Kerr im Berliner Tageblatt erschienen war, befand sich Brecht bereits wieder auf der Rückreise nach München. Zwar hatte Kerr nicht umhin können; die Begabung Brechts

Herbert Jhering
Alfred Kerr
Otto Falckenberg
Erich Engel

war unübersehbar geworden. Aber der Star-Kritiker hatte seine Anerkennung mit solcher Geringschätzung serviert, daß sie mehr schadete als der offene Angriff. Brecht hat, zum mindesten in den nächsten zehn Jahren, Alfred Kerr nicht verziehen. Und in den nächsten zehn Wochen igelte er sich in München ein.

Die Trennung,
bisher Ungeduld des Wartens,
wurde zum Schmerz

Die beiden großen Plüschzimmer in der Passauer Straße erinnerten durch ihre trostlose Leere an den, der fern blieb. Der große Cas erinnerte an den, der fern blieb. Bronnen tippte weiter an seinem Einakter „Verrat". Die Streiks jener Tage, der tägliche Kampf um Licht und Wärme, der Mangel an Kohle und das ausblutende Geld, das war der Hintergrund seiner Arbeit. Als Sechzehnjähriger hatte er einmal den Bau eines Kraftwerks in den Alpen gesehen: das düstere Tal der oberen Salza, das kalte, noch unverputzte Gemäuer, darinnen schon grauschwarz, bös, drohend die Ungetüme der Turbinen lauerten; es war aber niemand da, der sie zähmen konnte; so war er angstvoll über die schmalen Steige getastet, alles war feucht, glitschig, drunten brauste der Wildfluß und von oben strömte mit peitschenden Güssen der inneralpische, eingesperrte, fast endlose Regen hernieder: Aus beiden Quellen nun wuchs das Stück, dem freilich sein Geburtsfehler, jenes sentimentalische Salzkammergut-Erlebnis mit Gerda Müller, die gesellschaftliche Perspektive verfälschte.

Es wuchs, doch es wurde nicht. In der dramatischen Handlung, in dem von den streikenden Arbeitern verlassenen Werk, in dem Kampf zwischen dem Ingenieur und dem Maschinisten um die Macht über die Maschinen, in der zerstörenden Wirkung der Frauen, war kein Platz für den Schmerz. Bronnen zwängte den Schmerz in die Form. Aus Sehnsucht nach Brecht dichtete er brechtisch. Er gab seine

Form, seine Sprache auf, versuchte, in Brechts Formen und Worte zu schlüpfen. Das wurde nichts. Es wurde verstiegener, verquälter Expressionismus, lebloses, dürres Papier. Er müßte mit Brecht darüber sprechen können. Er konnte nicht sprechen. Kindischer, kindlicher Stolz hemmte ihn.

Stärker, fruchtbarer stak Brecht in der Arbeit. Das „Dickicht" wurde gelichtet. Der engere und nunmehr ausgewogene Kontakt mit Lion Feuchtwanger half Brecht bei der Ausmeißelung profilierterer Züge für die beiden Antagonisten im individualistischen Endkampf dieses aus einer sportlichen Leidenschaft fürs Stückeschreiben geschriebenen Stückes. Der Garga wurde unverwechselbar Brecht, der Shlink erhielt die souveräne, gedehnte, humorige Sprache Feuchtwangers. Brecht wendete sich mit diesem Drama an kein Publikum; er testete den Schiedsrichter, das Schicksal, selbst.

Aus der Sicherheit seiner Arbeit wurde Brecht selber nun sicher. Er sah mit mehr Milde auf Bronnens Fehler, auf dessen Verrat an der gemeinsamen Sache. Vielleicht lag es daran, daß der Verräter gerade an einem Stück „Verrat" schrieb? Brecht mochte sich erinnern, daß er versprochen hatte, Bronnens ersten Entwurf nach Augsburg mitzunehmen und durchzusehen. Er hatte das nicht getan, aus guten Gründen. Aber waren die Gründe immer noch gut? Während Bronnen kleinlich blieb, wurde Brecht großzügig. Er telegraphierte nach Berlin: Schick mir Dein Stück.

Das Stück war unfertig, nur flächig auf den Tisch gespannt wie Strudelteig. Wo man es anpackte, zerriß es. Die Füllung fehlte vollends. Wozu schicke ich es ihm, dachte Bronnen, während er das Päckchen zur Post trug. Aber dann beruhigte er sich, während er das Manuskript über die Winterberge nach Bayern fahren sah. Es ging ja nicht an Brecht, es ging an einen Leser. Und welcher Autor dürfte einem Leser die Lektüre verweigern?

Brecht erhielt das Manuskript; kein Kommentar. Kein Kommentar? Das war eine seltsame Geschichte. Vielleicht wird Cas Neher, der um diese Zeit nach München kommen muß, um die Bühnenbilder für „Dickicht" zu besprechen, den Kommentar bringen? Doch Cas Neher kam nicht. Noch war es einige Tage Zeit bis zu dem vereinbarten Termin. Cas Neher war, nach Brechts Meinung, ein schlampiger Bursche. Es konnte nichts schaden, ihn beizeiten zu mahnen. Man mußte auf jeden Fall den beiden zeigen, daß man noch da war. So schrieb Brecht ein Memorandum an die Passauer Straße.

Bronnen hatte diesen Brief wie ein Liebender erwartet. Doch da er nun das dünne, eingerissene Papierchen in den Händen hatte – zufällig hatte er den Briefträger selber angetroffen –, wurde er zum Flagellanten. Zerreißen durfte er das Fetzchen nicht, der Brief war an ihn und an Cas adressiert. Vielleicht konnte er es zurückgehen lassen? In jenen postalisch so unsicheren Zeiten wollten auch Brechts Briefe nicht die Angabe des Absenders vermissen lassen. „Herr Neher ist leider verzogen, ich allein darf den Brief nicht annehmen", sagte Bronnen. Der Briefträger nickte, notierte: „Adressat verzogen, zurück an Absender", und steckte das bescheidene Trinkgeld ein; es waren ja nur ein paar tausend Mark.

Bronnen sah dem Briefe nach, solange dieser noch in des Briefträgers Hand den Rhythmus der ansteigenden Treppen mitächzte, und sein Herz wurde flau. Bald wird der Schmerz kommen, der diesen Tag zerreißt, und alle die letzten Monate, und dieses ganze letzte Jahr. Und der Schmerz kam.

Und aus dem Schmerz wurde Trennung

Da waren zwei zornige junge Männer gewesen, welchen ihre Zeit, um sie zu besänftigen, Erfolg gewährt hatte. Während indessen Brecht sich durch den Erfolg bestätigt fühlte, glaubte Bronnen sich durch den Erfolg entlarvt. Brecht lebte in einem Wirbel von Arbeit. Er schrieb zugleich an vier Stücken, am „Hannibal", an einem „Gösta Berling" (nach dem Roman der Selma Lagerlöf), am „Leben Eduards des Zweiten von England", an einer Neufassung des „Dikkicht". Bronnen hingegen stocherte an seinem „Verrat", kam nicht weiter, verzagte, verwarf seinen ganzen Weg. Er begriff nicht, daß Brechts Arbeit eine Einladung zur Mitarbeit war. Er lebte zu sehr in den bürgerlichen Vorstellungen der Konkurrenz, zu wenig in den neuen Begriffen des Wettbewerbs. Er liebte Brecht, und selbst im Zorn, in der Verzweiflung hörte er jenen zu lieben nicht auf; doch die Einsicht, daß jener der Stärkere, der Bessere wäre, stärkte, besserte ihn selber nicht. Da ging er lieber einen anderen Weg, auch wenn der keineswegs der seine sein konnte.

Ging den anderen Weg, weil er ihn für den anderen hielt. Brecht ging den einen Weg und auch den anderen. Neben den vier Stücken schrieb Brecht Filme. Während Bronnen noch mit Dutzenden von Exposés um einen Auftrag von Richard Oswald rang, hatte Brecht längst seinen Vertrag von diesem gleichen Richard Oswald.

Cas Neher wußte nicht, daß Bronnen einen Brief Brechts

hatte zurückgehen lassen. Er wunderte sich nur, beim dünnen Tee zur Winterszeit, daß Brecht so lange geschwiegen hatte. Bronnen begriff: Da war also eine Klammer, und die hieß Cas. War diese äußere Klammer innerlich nicht schon längst ausgeklammert? Was sollte noch dieses Beieinanderhocken in frostigen, immer trüben Stuben? Alles wurde brüchig. Der Einmarsch französischer Truppen ins Ruhrgebiet markierte nun auch die Bruchstellen im politischen Rahmen, der dieses Chaos noch notdürftig zusammenhielt, im Deutschen Reich. Der Österreicher, der aus seiner mit Recht zerbrochenen Heimat in dieses von Wien aus so groß und mächtig erscheinende Deutschland geflüchtet war, erlebte nun den Zusammenbruch zum zweiten Mal: diesmal mit Unrecht.

Drei junge Männer in zwei Städten, ein eigenartiges Trifolium, durch den Chitinpanzer formalen Kunststrebens isoliert, getrennt von dem Schlachtfeld, wo die wirklichen Entscheidungen der Gesellschaft, der Nation ausgefochten wurden: So taumelten sie am Rande des Vulkans. Ein politischer Wille, der das Volk, und in ihm auch sie selbst, retten konnte, lebte allein in jenen deutschen Arbeitern, die ruhig, sicher, entschlossen vor den Toren der Hütten und Schächte standen, in Front sowohl gegen die französische Militär-Kamarilla wie gegen die provokatorischen Anschläge der Schlageter und der Freikorpshäuptlinge. Da war es Brecht, der wenigstens die Isolierung begriff.

Er schrieb:

lieber arnolt
ein brief an dich und cas kam zurück   ich schicke an die gleiche adresse wieder
ich sitze wie auf einer insel mein kind
ich habe den verrat nun noch einmal sehr genau durchgelesen und habe allerhand einfälle   es scheint mir entscheidend

*Bertolt Brecht
Zeichnung des französischen Karikaturisten XIM*

wichtig zu sein daß wir uns noch sehr ausführlich darüber unterhalten
von jugend an kühn (in meinem dreizehnten lebensjahr erzielte ich durch verwegenheit einen nachweislichen herzschock) mit dem theater vertraut möchte ich dir vorschlagen das stück noch einmal zu bearbeiten und zwar ganz revolutionär mit frische
den schauplatz geografisch fest zu legen und zu entgeheimnissen daß er realer wird die figuren bis auf die gerdas mehr im lokalen und dialektischen anzupflanzen daß sie weniger anonyme träger von ideenschicksalen scheinen die einzelnen vorgänge wie z b das verhalten arres beim auftauchen gerdas realistischer zu motivieren und zu gestalten u s w

Arnolt Bronnen
Zeichnung des französischen Karikaturisten XIM

kurz das neue und reiche material in dem unheimlicheren
und fleischigeren kleid des vatermords zu servieren
da du ein zweifelsüchtiger mensch bist wirst du glauben
ich zweifle aber ich arbeite bloß
vor allem brauche ich unbedingt die bilder das ganze material
ganz wichtig wäre mir die ebinger als cel   ich habe die rolle
genau geprüft
sie braucht maschinenkolorit und seltsamkeit und ich würde
mir sehr leicht tun   versuche es durch zu setzen   jedenfalls
sorge daß die möglichkeit frei bleibt bis wir uns gesprochen
haben
steinrück wäre sehr notwendig es sind unbedingt schauspieler
mit atmosfäre nötig
übrigens wäre es dringend nötig daß wir uns sprechen

weißt du übrigens warum trommeln nicht mehr gespielt werden? das ist ungeheuerlich
bis heute freitag abend ist von cas nichts zu sehen ist er morgen nicht da
macht reigbert das dickicht und für alle fälle such einen anderen mann für verrat als diesen verräter
ich umarme dich
dein b
bis 15. bin ich in augsburg dann in den kammerspielen*

Das waren die besten dramaturgischen Ratschläge, die Bronnen je erhalten hatte, die er je erhalten sollte. Trotzdem fing er mit Brechts Rezept nichts an und ließ das Stück unfertig, wie es war. Da er sich indessen auf Grund seines schlechten Gewissens gegenüber Brecht zu irgendeiner Tätigkeit verpflichtet fühlte, ging er zu Leopold Jessner, dem Intendanten des Preußischen Staatsschauspiels, und sagte, er hätte ein Stück für jenen. Jessner war damals heiß auf Bronnen und erklärte: „Das mach ich." Bronnen stellte eine erste Bedingung: „Die Gerda Müller muß die Hauptrolle spielen." Jessner erklärte immer noch: „Das mach ich." Bronnen stellte eine zweite Bedingung: „Der Brecht muß Regie führen." Jessner kratzte sich am Kreuz und ging lange nachdenklich durch das kleine, sehr dunkle und sehr plüschige Zimmer, das noch den Speckglanz der kaiserlichen Hofintendanten aufwies. Dann sagte er, und es klang ebenso unentschieden wie es entschieden gemeint war: „Bronnen, das kann ich nicht machen."

---

* *gerda: in der Buch-Ausgabe der Anarchie in Sillian: Vergan*
arre: a.a.O.: Carrel
steinrück: der Schauspieler Albert Steinrück, den Brecht von München her kannte, erst kürzlich nach Berlin übersiedelt
reigbert: Otto Reigbert, Bühnenbildner an den Münchner Kammerspielen

Bronnen wußte, wie Brecht auf eine derartige Meldung reagieren mußte. Das war die Trennung, aber sollte sie über eine solche Sache ausbrechen, die ihm selber so fern geworden war? Er stak ja bis über den Wirbel in Filmplänen und Zelluloidverhandlungen. So wich er aus, schrieb nur einigen Theaterklatsch über die Ebinger und vertröstete Brecht auf einen baldigen abschließenden Bericht. Mit Cas Neher, der ganz ohne Verschulden in Brechts Schußlinie geraten war, arrangierte er sich; freilich blieb bei dem ein Mißtrauen haften.

Brechts Antwort kam schon nach Stunden:

lieber arnolt!
ich danke dir für die galgenfrist   ich halte mich teilweise im bett auf und habe meinen steifen hut visavis
die zimmerluft hier ist gut und die wanzen im hirn haben laichzeit und wenn gerda einen tag bei mir säße wäre es angenehm bitte grüße sie mit einer handbewegung von mir die wirkliche ergebenheit ausdrückt
was cas anlangt so verdüstert sein bild bemerkenswert mein gemüt ich glaube dieser berliner nähme sich bald gut auf der schwarzen liste aus
erfolge verändern die eierstöcke   die isolierten erfolge in den großen städten dauern 2 winter
schneide das aus
das befinden der ebinger interessiert mich warum lieferst du alter effektschinder details wieder erst auf anhieb sau
bitte lächle großmann an ich werde ihn gelegentlich auch beschreiben
anläßlich neher: so etwas irritiert einen sehr weidlich   an entente mit ihm ist solang er so ist nicht zu denken   ich halte es für richtig daß du für verrat dich auf alle fälle nach einem maler umsiehst   ich habe nicht im traum vor mich einem burschen aus zu liefern der mir vom 11. bis zum 12. zur

verfügung steht und dann am 15. eintrifft das meine ich sehr ernsthaft (ich habe ja auch schon mehr eindrücke von ihm als du) und es ist gut
wenn du dich darauf einrichtest es ist das vielleicht das wichtigste was es zu bedenken gibt
aber jetzt gute fahrt und wann bist du in münchen? und was ist mit oswald?
ich drücke dich an mein vaterherz
  b
  augsburg januar 23

Auf die Rückseite hatte Brecht noch mit Bleistift geschrieben:

kannst du mir nicht ein verratexemplar verschaffen, das <u>platz</u> hat für bemerkungen? du mußt ohnehin für die rollen ganze exemplare herstellen lassen und zwar mit platz und die regiebemerkungen klein, in klammern! und wo ist mein exemplar mit den aktstrichen? das alles eilt sehr, ich will das stückchen doch lesen vor ich es inszeniere, kind!

Bronnen begriff, daß der erste Teil des Briefes weniger an ihn als an Cas Neher gerichtet war. Es war Brechts kindlichster Brief, voll von knäbischer Eifersucht und ergötzlich dort, wo er mit den Totems geheimbündlerischer Schülerplatten drohte. Da war nichts zu entgegnen; Cas Neher war ja inzwischen in München.

Auch aus anderen Gründen mußte der Zorn an der Isar, noch während der Brief nordwärts rollte, verraucht sein. Brecht.hatte nach allerlei Notunterkünften endlich in der Akademiestraße, genau gegenüber der Universität, eine Zweizimmerwohnung gefunden, die ebenso für seine bescheidenen wie für Mariannes mäßige Ansprüche zureichte. Er hatte den verlorenen Sohn Cas wieder in Ehren aufgenommen, hatte sich mit diesem in gemeinsamer Arbeit an „Dickicht" schnell wieder versöhnt. So war er mild, geduldig, langmütig, so schrieb er auch:

   lieber arnolt
was tust du tun
es ist viel wasser zwischen den inseln
was ist mit dem verrat
wenn du deinen film zu ende hast von dem der große cas singt kannst du ihn nicht uns schicken?
oder sonst einen? zb die fabel dieses zirkusfilms
kannst du denn nicht kommen alter wüstling
du bist erwünscht   du wirst mit ehren empfangen werden
exzesse will ich ende märz durchdrücken   hier sind alle abgefallen
wie geht es unserer großen schwester
sie soll mit herunter kommen im april oder mai und verrat machen und penthesilea
was hältst du von einem kleinen brief an deinen freund bidie auf der südinsel
bidie mit dem leicht schurkenhaften anstrich?
seine nieren sind nicht besonders aber sein herz ist wie gold
wenn er und sein freund caskopf rauchen träumen sie von ihrem bruder in der asphaltdschungel und ihre augen werden naß
gefühl!
gefühlstöne eure eminenz!!
   bert
   akademiestr. 15 /0
morgen ist das filmchen fertig und wir nehmen ein bad
wir haben alles gelernt und im sommer wollen wir etwas machen he?
kannst du nicht bald kommen?
nur wer die sehnsucht kennt ...

Cas kehrte nicht wieder

Das lag nicht nur an Brechts Gefühlstönen. Das lag nicht nur daran, daß die Theater auf den interessanten, einfallsreichen, klugen, dabei die Transparenz Paul Klees geschickt konkretisierenden und so theaterwirksam machenden Maler aufmerksam wurden. Das Leben in Berlin wurde schal wie das in einer Festung, die niemand belagert. Die Zimmer in der Passauer Straße wurden grau wie der Berliner Milchkaffee. Das Jahr zog heran ohne Jahreszeiten. Unheil hing in der Luft. Wer konnte, verzog. Cas konnte.

Bronnen konnte nicht. Er hatte glücklicherweise mit seinen Filmpartnern abgeschlossen, unglücklicherweise gleich mit zweien. Doch während er von Richard Oswald für einen „Faust"-Film und von der Firma Stern-Film für einen Entwurf „Der verlorene Sohn" Millionensummen erhielt, ohne dafür zu arbeiten, arbeitete er für zwei andere, ohne daß sie ihn bezahlten. Er schnitt mit dem alten Wiener Landsmann Joe May Filme, um vom Cutter aus Filmdramaturgie zu lernen, und er ließ sich von F. W. Murnau in die Filmateliers führen, um zu sehen, wie die Motten ins Licht flogen. Es waren die beiden Pole des Films. Bei Joe May war es kitschige Routine, die den jovialen Wiener Textilkaufmann eine gleichgültige Szene 44 mal wiederholen ließ – während er die ernsthaften Konflikte auch dann nicht begriff, als sich seine unglückliche Tochter nach einem furchtbaren Familienkrach vor seinen Augen erschossen hatte. Bei Murnau war es eine sehr tiefe, bohrende Besessenheit, die den rotblonden, sommersprossigen Riesen wie scheu vor einem allzu festen Eingriff in den darstellerischen Prozeß zurückweichen ließ. Aber es war faszinierende Filmarbeit. In dem engen, niedrigen Bauernzimmer am Hange des Riesengebirges hockten die herrlichsten, mächtigsten Darsteller des damaligen deutschen Theaters, von Rudolf Rittner bis zu Paul Wegener, und sie spielten für Murnaus genußfreudiges, strahlendes Gesicht. Es war Carl Hauptmanns „Austreibung", die sie spielten, und der Film wurde kein Geschäft. Das Objekt schluckte die Seele. Was freilich vor dem Objektiv und zwischen den Kulissen geschah, das gehört zu den erschütterndsten Erlebnissen, die Schauspielkunst gewähren kann.

Bronnen übersiedelte von der Passauer Straße ein paar Ecken weiter zum Nürnberger Platz; er war die Wohnung leid, die Erinnerung leid. Der Kreis um Murnau, zu dem der Maler Rochus Gliese gehörte, das Erlebnis Murnau zog ihn magisch an. Es war ein zwielichtiges Erlebnis, und in der üppigen Villa am Rande des Grunewalds, mitten zwischen Bankdirektoren und Hochstaplern, fehlte völlig die klare, strenge Luft, die, oft schneidend, immer reinigend, um Brecht wehte. Was aber Murnau so anziehend machte, war sein echtes, unbedingtes Interesse am Mitmenschen, war seine Güte, seine Herzlichkeit. Seine progressive Natur tendierte ein wenig zum „Salon-Bolschewismus", aber angesichts der reaktionären Strömungen, die nun den deutschen Filmbetrieb mehr und mehr zu beherrschen begannen, war und blieb er, wie es auch sein „Letzter Mann" bewies, eine der erfreulichsten Erscheinungen.

Murnau wollte Bronnen auch als Darsteller einsetzen. Er hatte ihn zu einer Aufnahme bestellt, nachdem die Probeaufnahmen ihn sehr befriedigt hatten. Bronnen wollte eben aus dem Hause gehen, als er auf der Treppe Brecht begegnete. Der hatte in Berlin Geld zu kassieren, und man mußte sich damit in jenen Tagen beeilen; manchmal halbierte sich der Geldwert zwischen Mittag und Abend. Brecht brachte sein eigenes Zeitmaß mit sich. Wenn man Brecht traf, vergaß man flugs alles Zwischenzeitliche, es verrollte sich alles Störende wie von selbst, und man konnte gleich dort anknüpfen, wo man vorhin unterbrochen worden war – auch wenn das „Vorhin" Monate, ja Jahre zurücklag.

Brecht war wunderbar, witzig, bester Laune. Tiger Cas war wieder eingefangen, saß im Käfig des Residenztheaters, malte Kulissen für das „Dickicht". Der schwarze Panther Bronnen folgte der hypnotisierenden Stimme des Raubtierbeschwörers, gebar Regieideen, „lieferte Details". Zahlreiche Aufführungsverträge über die „Trommeln", über „Baal", über „Dickicht" waren bereits abgeschlossen, das „Leben Eduards des Zweiten von England" fand bei Heinz Lipmann, dem Dramaturgen des Staatstheaters zu Berlin, begeistertes Interesse. Daß sich Jessner, intensiv in der Probenarbeit zu Hermann Essigs „Überteufel", nicht sofort sprechen ließ, störte Brecht im Augenblick wenig; er war nicht mehr so stark an einer Regiearbeit in Berlin interessiert. In warmen Vorfrühlingstagen schmolz Bronnen dahin.

Doch dann war Brecht ebenso rasch entschwunden wie der Vorfrühling. Statt eines Abschiedsgrußes kam ein Brief aus München. Bronnen las ihn nicht, zerriß ihn, verbrannte ihn. Er wollte mit fliegenden Fahnen zu Murnau zurück. Murnau war nicht Brecht, Murnau war eitel. Murnau wollte, einmal in seiner Eitelkeit gekränkt, neu umworben sein. Das verstand Bronnen nicht.

Darum las er Brechts zweiten Brief, der zehn Tage später einlief:

lieber arnolt
es ist verdammt kalt und man ficht mit magenschmerzen
vor abortwänden gegen das nichts

denn man kann nur vermittels literatur den planeten bevölkern (geschäftsgeheimnis)
ich habe dir vor einer woche geschrieben
wenn marianne geboren hat komme ich vielleicht auf zwei wochen
baden schreien   kakao trinken
friedrichstraße aschinger charité
gleisdreieck ufa wannsee
gerda
übrigens kannst du nicht einmal mit klöpfer sprechen wegen baal
was ist mit dem verrat?
oh es ist langweilig hier man trinkt spülwasser (aufgewärmt) und scheißt beinahe geruchlos
mit dem steifen hut ist es nichts hier mensch
oh java java java
und diese kavalkaden von trüben hundsföttchen
und hitler auf dem monopterus auf moses iglstein scheißend
und die lackieranstalt in der augustenstraße
oh ganges im frühwind!
von tagore
kannst du nicht auf ein paar tage kommen?
   bert

An den Brief hatte Marianne eine Nachschrift gehängt:

O diese wunderbaren Briefe – bitte wirf sie nicht weg – lieber Freund, hebe sie gut auf – ich will damit noch einmal viel Geld verdienen – Wie geht es Dir – ich sehne mich nach Dir – um mit Dir über diesen gemeinsten aller Gemeinen zu schimpfen – komm bald!
Deine Freundin Marianne.

Worauf Brecht noch auf die Rückseite getippt hatte:

um dich in betreff <u>olympia</u> zu beruhigen: es ist hysterische kuhscheisse
das gleiche gilt von dem clown gottes der von einem bock ist
die olympiaaufführung wird für das romanische café ein ganz großer tag
allah il allah
der andere augur

Brechts Münchener Tage waren gezählt

Die Briefe an Bronnen deuteten das von Mal zu Mal stärker an. Selbstanklage und Vorwurf zugleich: Er lebte auf einer Insel, isoliert, fern von den Entscheidungen des Kontinents. Überwindung der passivistischen Haltung in den „Trommeln", aufgestachelt durch die Provokationen der Hakenkreuzler: die Kavalkaden der trüben Hundsföttchen, als welche ihm die SA-Männer erschienen, die Exkremente des Adolf Hitler, welche die Isarstadt zu verunreinigen begannen.

Dazu kam die neue Vaterschaft, mit der ihn Marianne beschenkte. Er hatte zwar bereits einen unehelichen Sohn – von Bie Banholzer –, und er rühmte sich dessen. „Laßt sie wachsen, die kleinen Brechts", war einer seiner Lieblingsaussprüche; jetzt aber war er legitimer Vater geworden, mit allen Pflichten der Legitimität. Er liebte die kleine Hanne, er war ein sehr zärtlicher Vater, aber er liebte auch seine Arbeit, seine Mitarbeiter, seine Gedanken. Das war dann schwer miteinander zu vereinbaren, wenn die temperamentvolle, laute, energische Frau die Grenzen zwischen Flascherlzeit und Arbeitszeit mehrmals des Tages sprengte.

Vor einem halben Jahr noch wäre Bronnen über Brechts geänderte Haltung glücklich gewesen; damals hatte Brecht immer wieder die Übersiedlung nach Berlin versprochen und dann hinausgezögert. Jetzt bedeutete Brecht für ihn

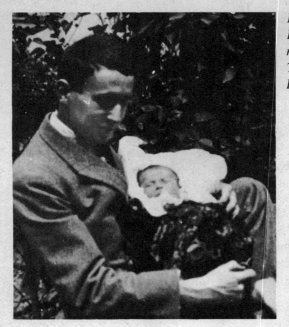

Bertolt Brecht mit seiner Tochter Hanne

nur eine Vermehrung seiner Konflikte. Aus den Filmverpflichtungen war ein chaotisches Durcheinander geworden. Das rettende Ufer schien sich anzudeuten. Bronnen hatte durch Murnau den künstlerischen Leiter der „Decla-Bioskop", Erich Pommer, kennengelernt. Dieser war eben dabei, seine Firma mit der Ufa zu verschmelzen, und suchte Hilfsmannen, um den neuen Apparat mit frischem Blut und mit neuen Ideen aufzupulvern. So bot er Bronnen einen Vertrag an, diesen als Dramaturgen im besonderen für die Filme F. W. Murnaus zu verpflichten. Erich Pommer war ein ernsthafter Partner. Mit ihm ließen sich nicht die Spielereien betreiben, mit denen man bei den anderen Flimmer-Grafen von Vorschuß zu Vorschuß tändelte. Das war nicht mehr eine bloße finanzielle Entscheidung. Bronnen zögerte.

Bronnen zögerte so lange, bis Murnau, der gerne und oft erobert sein wollte, andere und gefügigere Manuskriptpartner fand. Freilich wußte das Bronnen noch nicht, der nur Angst vor dem Münchener Echo hatte. Was wird Brecht sagen, mehr noch, was wird er nicht sagen? Inzwischen schrieb Brecht:

lieber arnolt,
mittwoch dickichtpremiere. (wäre das datum früher bekannt gewesen, hätte ich früher geschrieben!!!) du mußt unbedingt kommen. es is möglich, ja wahrscheinlich, daß dir die reise vom O. C. Rechtverlag ersetzt wird, da vielleicht ein geschäft damit zusammengeht, das gut wäre (400 000 M rente monatlich usw.)
herzlichst
bert
wenn du gleich ins theater mußt vom zug aus, frag nach herrn geis im theater!*

---

* *Eilboten-Karte aus München, aufgegeben dort am 4. Mai 1923, mittags, abgestempelt Berlin W, 5. Mai, 11 Uhr 30*

Im „Dickicht" Brechts verirrte sich Freund und Feind

Die Aufführung im Münchener Prinzregententheater am Mittwoch, dem 8. Mai 1923, wurde von dem Darmstädter Dramaturgen Jakob Geis gestartet; Erich Engel hatte als Berater und Beobachter an den Proben teilgenommen. Das Publikum, benebelt von Brechts Spracharoma, nahm den Inhalt als Kult; wer wollte, deutete, was er wollte. Kenner Brechts bezweifelten, ob es richtig gewesen wäre, Brechts letztes Stück vor seinem ersten zu spielen, dem „Baal". Doch sprach manches für die Logik solcher Prozedur. Denn während „Baal" Aufschrei war, erste Lebensäußerung des dramatischen Säuglings Brecht, so stak im „Dickicht" Embryologie, Stammesgeschichte der Familie Brecht, zusammen mit unverdaut ausgeschiedenen individualistischen Resten. Brecht selber hatte Bronnen zu verschiedenen Zeiten verschiedene Deutungen des Dramas gegeben; es blieb lange für ihn ein Chaos, und lange sah er gegenüber dem Chaos keine anderen Möglichkeiten, als es „aufzubrauchen".

Bronnen kam natürlich nicht zur Premiere, weil er Angst hatte, Brecht zu begegnen, und in Brecht der eigenen, besseren Zeit. Nun war es ein Jahr her seit seiner eigenen, ersten Aufführung, und wie tief war er seither gesunken. Es jammerte ihn seiner selbst. In diesem Katzenjammer lud ihn Jessner ein, den „Verrat" vor dem Regiekollegium des Staatstheaters vorzulesen. Bronnen wollte ablehnen; dann aber sagte er sich, es wäre ein Gottesurteil; ginge es gut, dann Theater, ginge es schlecht, dann Film.

Bronnen glaubte noch, daß die Frage von Brechts Regie

zur Debatte stünde, und im Vertrauen darauf wagte er es, mit dem unfertigen Stück vor ein hohes Regiekollegium zu treten. Wie er dann jedoch neben Jessner und dessen Intimus Walter Florath, neben dem Schauspieldirektor Patry, neben den Dramaturgen Eckart von Naso und Heinz Lipmann den Regisseur Jürgen Fehling erblickte, wußte er, daß er falsch getippt hatte. Brecht mußte doch in der Tatsache, daß Bronnen nunmehr vor einem anderen Regisseur sein Stück vorlas, einen neuen, einen unverzeihlichen Verrat erblicken. Hier hätte nur der Mut zur Feigheit geholfen, und den hatte er nicht. Er las, und er wußte, wie schlecht das war, was er las. Oft wäre er am liebsten vor Schmach und Schande in den Boden des alten Hauses am Kupfergraben gesunken. Es waren zwei Stunden, die in peinlichem Schweigen endeten. Anderen Tags nahm er Pommers Angebot an, als Dramaturg in die Decla einzutreten. Dann schrieb er Brecht.

Das, was er schrieb, nannte er, der Kürze halber, Epitaph:

mit dem heutigen tage, an dem er sich einem großen und aktiven filmkonzerne deutschlands verpflichtet, scheidet er als produktiver faktor für das deutsche theater aus.
da dies nach einem der stärksten erfolge geschieht, die in diesem lande zwischen kulissen erreichbar sind; da die mangelnde bereitwilligkeit gegenüber einem anderen stücke eindruck zu machen durchaus verfehlt hat; da die schnelligkeit, mit der dem dahingegangenen das gesamte deutsche theaterwesen beim halse hinausing, unabhängig war von der quadratisch ansteigenden abstiegs-geschwindigkeit der leitenden ...köpfe: so wird der auf die verworrenheit des daseins gerichtete zeigefinger allzu weit ausgestreckt und allzu ernst betrachtet sein die lage der greise, die mit bewundernswerter seßhaftigkeit und zu kurz geratenen beinen

auf zu hohen stühlen sitzen. – über ihnen ist kein himmel, sondern es sind magenkranke. – vielmehr sind diese zustände eher geeignet, das dahinscheiden des verblichenen noch rätselhafter zu machen.
vielmehr geht die feststellung, warum ein mann, der sich für einen produktiven hält, das theater verlassen muß, nicht aus von der passivität der bühne, sondern von der aktivität des films.
schließlich kamen sie an, passivitäten zu besiegen, und waren auf passivität gefaßt. wo alles stinkt, kann das theater allein nicht duften. auch ein schwindsüchtiger kann einen gesunden blinddarm haben. manche wenden sich gleich ab, andere sind gläubig; diese sind zu bedauern. denn es stellt sich sofort heraus, daß das theater an einem überfluß an talenten leidet, daß sie bessere nur zweimal, und soviel geld, daß sie schlechtere nur hundertmal aufführen. das echo ihrer taten ist ein europäisches, und sie wissen genau, was sie wollen können; sie können das theater auf den hund bringen wollen. aber haben diese verdienten greise nicht völlig recht? haben sie, beim klang der kreiden und der autohupen, ihre zeit nicht besser erfaßt als jene jünglinge, die auf kosten einer an sich stets unschuldigen menge den schrei gestalten und den sinn des daseins suchen zweimal wöchentlich? berechtigt sprachliches können zum losgelassen-werden auf überreizte instinkte? wird der kreis des theaters nicht täglich viereckiger und kennt man nicht tausende ehrenwerter männer, die auch geschenkt in kein theater gehen?

es ist kein zufall, daß im film geld ist und im theater armut. jede zeit bezahlt ihre essenz. das kino ist extrakt der epoche, das theater nur mehr ihr surrogat. das wesentliche und erfreuliche an der kunst wird zur passivität derer, die für sie zahlen. das kino ist pausenlos und wirkt pausenlos. denn nicht das publikum will das kino, sondern das kino will das publikum.

sie werden hier den haken bemerken, an dem sich die theater-laufbahn des heimgegangenen aufgeknüpft hat. es hat ihm auf die dauer keinen spaß gemacht, für hundert leute in deutschland stücke zu schreiben. es hat ihm keinen spaß gemacht, vom wohlwollen schlechtbezahlter dramaturgen, von der konjunktur ehrgeiziger regisseure abhängig zu sein. mit einem milden lächeln für die direktoren, mit einem herben dank für die schauspieler verschied er.

nun wird er in der hölle sitzen und filme schreiben. er wird schmoren, denn die lebendigkeit einer kunst wächst mit ihren äußeren hemmnissen. anders ausgedrückt: man ist entweder eine milchkuh, und dann muß man richtig gemolken werden; oder sie haben den inneren drang, und dann werden sie auf dem viehhof enden.
dies ist das fleischfressende zeitalter.
amen.
arnolt bronnen*

Brecht hatte vom Scheitern des „Verrat"-Plans am Berliner Staatstheater sogleich durch Cas Neher erfahren, der damals gerade in Berlin gewesen war und mit dem Deutschen Theater verhandelt hatte. Dort standen die Dinge gut, für Neher und Brecht, und Brecht war daher nicht böse, weil sie am Gendarmenmarkt schlecht standen – für Bronnen allein; denn das war Nemesis und konnte nicht anders kommen für jeglichen, der sich Brechts Herrschaft freventlich entzog.

Trotzdem, Brecht war beharrlich; er hatte es sich in den Kopf gesetzt, irgendeine gemeinsame Arbeit mit Bronnen zu starten, und er erwartete immer noch einen brauchbaren Vorschlag von diesem. Dazu brauchte er den Wiener in greif-

---

* *Abgedruckt im Maiheft 1923 des „Querschnitt", herausgegeben von Paul Flechtheim*

barer Nähe, fern vom Berliner und vom Filmmilieu. So hatte Cas dem Bronnen eine Einladung nach München für den Juni überbracht, und Bronnen, in Erinnerung an den herrlichen Juni 1922, hatte unbedenklich zugesagt. Da gab es nun kein Zurück mehr.

Auch als Bronnen mit seinem Epitaph das Ende seiner Theaterlaufbahn und den Vertragsabschluß mit der Decla bekanntgab, ließ Brecht durch reitende Boten verkünden, daß selbstverständlich die anderen Abmachungen dadurch nicht berührt würden. Bronnen freute sich. Zum ersten Male sah er die Bindung an Brecht für fester an, als sie tatsächlich war. Hatte ihm Brecht das Fernbleiben von der „Dickicht"-Premiere verziehen? Jedenfalls klang noch ein Unmut durch die Zeilen, die Bronnen knapp vor seiner Abreise nach München erhielt:

lieber arnoltschurke
denn du wirst dich von nun an arne nennen da du das olt
verwirkt hast wegen meuterei
du flimmerschurke
du kuheiter
du anisloch
übrigens wirst du natürlich bei uns wohnen teils in starnberg teils in münchen wie es dir gefällt
komm aber mit dem nächsten zug
du abschaum
ich umarme dich
biddi
  bert
richte dich auf länger ein
*dickicht anfang juni**

* *Eilbotenkarte vom 29. Mai 1923*

Der Mensch ist kein Kalender

und man kann ein Jahr nicht nur nach Tagen messen; derlei Gefühle brannten an Bronnens Handhaut, als sie sich mit Brechts Hand am Morgen des 2. Juni im Münchener Hauptbahnhof berührte. Die sich hier die Hände schüttelten und sich auch ein wenig scheu umarmten, waren weniger deutlich zwei männliche Individuen Mitte der Zwanzig als zwei Schicksale; Brecht war trotz der Niederlagen siegreich geblieben, Bronnen trotz Siegen gescheitert. „Es kommt darauf an, vor wem und womit man scheitert", beruhigte Brecht, der immer mit Dornen tröstete. Übrigens wurde die verheißene Aufführung von „Im Dickicht" dann doch nicht mehr gebracht, wie es hieß, wegen des Widerstands im Publikum. In Wirklichkeit hatte sich der Widerstand innerhalb der Direktion der Bayrischen Staatstheater verschärft, weil man dort jetzt schon bereit war, vor dem Geschrei der Hitler-Anhänger zu kneifen.

Denn dies war sogleich der erste Eindruck, wenn man damals von Berlin nach München kam: Hakenkreuze, Uniformen, provokante Plakate, knalliges Geschrei. Faschistische und revanchistische Kräfte hatten die Spannung an der Ruhr geschürt, für sich ausgenutzt. Demgegenüber hatte die Berliner Reichsregierung kein Konzept, sie verließ sich stur auf die Ruhr-Kumpel, an deren passivem Widerstand die französischen Bajonette schon mit der Zeit dumpf und stumpf werden müßten. Daß dieser passive Widerstand ein höchst aktives Heldentum war, daß hier Hunderttausende Hunger, Not, Gefahr auf sich nahmen für eine Nation, welche das Ergebnis solchen Kampfes doch vor allem den Direktoren und Aktionären zugute kommen lassen würde, das ging keinesfalls in das Hirn des Generaldirektors, welcher damals Reichskanzler war (Cuno hieß er).

Das späte Frühjahr 1923, luftig und noch nicht allzu heiß, war auch die geeignete Zeit für jene Massenaufmärsche, in welchen der vierunddreißigjährige Anstreicher aus Braunau brillierte und deren Gefährlichkeit damals nur wenige durchschauten. Wohl verkannte, wachgehalten durch Lion Feuchtwanger und Arnold Zweig, auch Brecht nicht die Gefahr, welche in der Anfälligkeit der Kleinbürger und in den Sympathien der Großbürger für die Latrinenparolen jener Arbeitsscheuen trächtig wurde. Aber dann wieder genoß der junge Brecht in bajuwarischer Schaufreude das Spektakuläre, die Massenregie und die Massenauftritte des Hitler-Klüngels. Hierin begegnete er sich mit Bronnen, der, von vorneherein für nationalistische Parolen anfällig, durch das Ruhr-Abenteuer wieder stärker chauvinistisch infiziert worden war.

So gingen denn die beiden jungen Männer an einem der ersten Juniabende in den Zirkus Krone, wo der Viehentfessler Schicklgruber seine widerlichen Trapezakte vorführte. „Er hat den Vorteil eines Mannes", sagte Brecht, „der das Theater immer nur vom vierten Rang aus gesehen hat." Und er fügte hinzu, daß Hitler den Massen vom Speisezettel aus nahekäme, indem er an die gemeinsamen Erbsen, den Speck, das Erdäpfel-Gulasch appellierte; so ergäbe sich aus dem gemeinsamen Fraß der gemeinsame Rülpser, in dem sich Tausende zum Schluß von ihrer Erdenqual „befreiten". Bronnen aber spürte bereits, bei aller körperlichen Abneigung, die ihm ein Typ wie Hitler fast bis zur Qual verursachte, die Anfänge der Verstrickung, in die er durch diese

Massen, dieses Brimborium, diesen billigen Rausch geraten sollte. So war das Fazit jener ersten Hitler-Rede für sie beide nur ein nachtlanges Gespräch über ein heutiges Massenstück im Zirkus, das Hunger, Inflation und Befreiung darstellen sollte. Brecht wäre am liebsten gleich darangegangen.

Freilich war es mit Brechts Arbeitsplänen nicht so leicht bestellt. Es mangelte in der kleinen Wohnung sehr an Platz, und keineswegs an Lärm, wofür auch das winzige Töchterchen sorgte. Brecht hatte zwar Bronnen feierlich eine Bettstatt in dem kleinen Nebenraum übergeben. Bald stellte sich jedoch heraus, daß sich nach den abendlichen Diskussionen im Palazzo Brecht mehr Nachtlagerreflektanten als Nachtlager befanden. So durfte Bronnen seine Kemenate meist mit drei oder vier Mitschnarchern teilen, zu welchem Zwecke Brecht erfinderisch Mariannes sorgsam gehütetes Mobiliar zer- und verteilte. Viel Schlaf kam nach solchen Operationen selten heraus, und am wenigsten dann, wenn etwa die stämmige, kraftstrotzende Maria Koppenhöfer keine Straßenbahn mehr fand, um nach ihrem Vorort zu gelangen. Da tat sich Brecht sehr leicht mit der Einquartierung.

Brechts hatten auch in Starnberg ein winziges Stübchen für die Sommermonate gemietet, und wenn das Wetter günstig war, zog die junge Mutter für ein paar Tage hinaus; war das Wetter sehr ungünstig und hatte die Bevölkerungsziffer je Quadratmeter in der Wohnung sehr zugenommen, so verschwand Brecht plötzlich, und es war schwer, ihn aufzutun, wiewohl er vermutlich bei Feuchtwanger war, um mit diesem zusammenzuarbeiten. Es waren erregende Tage in einer sehr labilen Atmosphäre: Die lyrische Abschiedsstimmung von 1922 war in eine dramatische, hochexplosive Katastrophenerwartung übergegangen.

Als Bronnen Anfang Juli nach Berlin zurück mußte, war ihm klar, daß Brecht ihm bald folgen würde, und diesmal wirklich für länger, wenn nicht für immer. Die Ehe mit Marianne war am Auseinanderbrechen. Die Situation in München wurde von Tag zu Tag weniger erträglich. Alle Freunde Brechts trugen sich mit Übersiedlungsplänen. Zum Antisemitismus kam – Krebs und Karzinom gesellt sich gern – die separatistische Hetze. Brecht hatte damals zuerst das Wort „Mahagonny" gefunden. Es war in ihm aufgetaucht, als er diese Massen braunbehemdeter Kleinbürger gesehen hatte, hölzerne Gestalten mit ihrer falsch eingefärbten, durchlöcherten roten Fahne. Der Begriff wuchs ihm aus dem Wort, wandelte sich mit ihm; doch in jenem Sommer mochte er ihm zunächst Spießers Utopia bedeuten, jenen zynisch-dummen Stammtisch-Staat, der aus Anarchie und Alkohol die bis dahin gefährlichste Mixtur für Europas Hexenkessel zusammenbraute.

„Wenn Mahagonny kommt, geh ich", sagte Brecht zum Abschied. „Ich muß jetzt nur noch den „Gösta" fertig machen. Dann bin ich in Berlin. Dann hab ich eine Idee für uns beide."

Ein Dollar kostete eine Million Mark!

Man konnte in jenen sommerlichen Hitzetagen für einen Dollar ganze Bibliotheken kaufen, wertvolle Bilder, das halbe Parkett eines Theaters. Die kulturellen Werte hingen völlig in der Luft. Es gab zwar schon gleitende Preise, die etwa von 14 Uhr mittags, von der Bekanntgabe der Devisenkurse, bis 18 Uhr galten, aber die betrafen nur Nahrungsmittel und häufige Konsumartikel. Wer Kultur schuf, erntete wertloses Papier.

Diesbezüglich brauchte man den Film nicht unter die kulturellen Güter zu rechnen. Hier war die Mark schon tot, doch nur für die, welche in Berlin geblieben waren. Bronnen war als wohlsituierter Honorarempfänger zu Brecht gezogen, als er wiederkam, war er ein armer Hund. Nicht nur finanziell. Murnau, um dessentwillen er mit Pommer abgeschlossen hatte, war inzwischen mit dem modernen und vielseitigen Publizisten Carl Mayer zu einem Filmteam verschmolzen, und Pommer hatte den Waisenknaben des Manuskripts mit einem Waisenknaben der Regie, mit einem Dr. Johannes Guther, zusammengekoppelt. Schließlich sah Bronnen an den Plakatsäulen die Ankündigung eines Films „Insel der Tränen" – Manuskript: Arnolt Bronnen; es waren, wie sich nach einer Besichtigung herausstellte, die bis zu völliger Unkenntlichkeit verstümmelten Leichenteile jener Film-Idee „Robinsonade auf Assuncion", die vor Jahrhunderten preisgekrönt worden war.

In den wenigen Minuten, die ihm der Kampf gegen den

Mißbrauch seines Namens und einer Idee noch ließ, schrieb er hilfeflehend an Brecht. Brecht ging auf die allzu allgemein gehaltenen Klagen nicht ein, sondern stellte zunächst seine Gegenforderung:

lieber arnolt
ich habe es vergessen aber du kannst mir einen großen gefallen tun
ich habe von dem gösta der im ganzen 3 akte haben wird bis jetzt 2 fertig aber ich habe noch keinen vertrag mit frau ellyn karin die von der lagerlöf die autorisation hat. d.h. man weiß noch nicht wie die tantiemen verteilt werden.
da es bestimmt ein kuhhandel wird kann man das nicht schriftlich machen. die karin ist ein mit allen wassern gewaschenes rindfleisch und du mußt mit ihr reden.
1) ob sie nicht einfach – <u>da sie weder mit einem wort noch mit einer zeile mitgearbeitet hat</u> – die autorisation an mich verkaufen will und dazu mußt du sie mit deinen gesammelten pferdekräften hinlotsen und für wieviel
2) wenn nicht – wieviel sie glaubt anständigerweise tantiemenprozente beanspruchen zu können
ich weiß nicht wieviel kiepenheuer für sich beansprucht aber mehr als 25 % von MEINEM anteil bekommt sie auf keinen fall
und du mußt natürlich mit 10 % anfangen!!!
ich wäre dir SEHR dankbar wenn du gleich einen vertrag mit ihr aufsetzen wolltest am besten für den fall 1)
(diese abfindungssumme muß dann kiepenheuer bezahlen!)
tut sie es absolut nicht dann kannst du vielleicht 2 verträge aufsetzen für 1) und 2) also entweder – oder
du kannst immer damit drohen daß ich sonst natürlich das weiterschreiben aufschiebe bis ich selbst in berlin bin
sie gehört in die gattung der aasgeier die vermittels verträgen von fremder arbeit leben wollen

Bertolt Brecht

sollte sie drohen sie ziehe ihren auftrag an mich zurück dann sage ihr mein 1. akt und das vorspiel sei schon im druck und sie selbst hat ja von kiepenheuer schon vorschuß auf den gösta genommen!!
bitte mach doch das so gerissen und rasch wie möglich sonst habe ich den ganzen sommer umsonst gearbeitet denn ich brauche das geld für marianne
ich drücke dir die hand
dein Bert
und, bitte, erzähl viertel vom baal!
kiepenheuer hat jetzt abzüge davon!
es war ein verdammter fehler daß ich nicht <u>gleich</u> mit der krähe abgeschlossen habe!

Brecht hatte sich da wahrlich eine schwer zu behandelnde Partnerin ausgesucht. Als Bronnen Frau Karin – der Name war offenbar ein Pseudonym – endlich vor die Flinte bekam, fand er einen Typ vor, den er bis dahin noch kaum kennengelernt hatte, eine Art von Schriftanwältin, übrigens gar nicht bösartig, nur sehr tüchtig und beflissen. Zum Schlusse stellte sich heraus, daß die echten Schwierigkeiten gar nicht von ihr kamen, sondern vom Verlage, und da verlor sich Brechts Tantiemenkampf im allgemeinen Gewoge seines Zehnfrontenkampfes, den er, unterstützt von seinen Mannen, so ziemlich überall zwischen Zugspitze und Belt entfesselt hatte.

Brecht jedenfalls konnte daraus Bronnens guten Willen ersehen und zeigte sich durch ein paar kurze Kartengrüße erkenntlich; während Bronnen immer noch an einem Kreuzweg stand, entweder, auf dem Filmweg weitergehend, ein Manuskriptschmierer zu werden, oder sich den völligen Zusammenbruch von alledem, was er nach der „Vatermord"-Premiere getrieben, einzugestehen. Vor diesem vermutlich heilsamen Eingeständnis rettete ihn ein sonderbares Paar, ein Dr. Jo Lhermann und ein Emil Szittya, das im Fall der Mark die geeignete finanzielle Grundlage sah, ein neues, modernes, kühnes, kurz avantgardistisches Theater aufzumachen, und sich dieserhalb an Bronnen wandte. Man brauchte ein Stück und einen Regisseur. Bronnen begriff, daß sein „Verrat" unfertig nicht präsentiert werden konnte, bei seinem früher entstandenen Lustspiel „Die Exzesse" fürchtete er die Zensur, er wollte aber drinbleiben, so bot er sich den beiden „Theaterdirektoren" als Regisseur an; wegen eines Stückes wandte er sich an Brecht.

Brecht antwortete diplomatisch:

DER HERR DES SÜDMEERS
AN DEN HERRN DES NORDMEERS

geruhet teurer bruder zu hören daß die scheiße zu dick ist
nachdem die nächstliegenden dummheiten erschöpt waren
wurde zu den fernliegenden gegriffen sie sind nahezu aus
nun was dann?????
euer bruder thatsall arbeitet wie ein maulesel
klassik ist das eine speck das andere
mahagonny weist alle baiern aus
kann ich dein salonstückchen haben??
ich interessiere mich immer noch für deine literarischen versuche
dickicht halte ich zurück in berlin es ist eigentlich engel versprochen
ich möchte gern wieder in dein arisch gesicht blicken
wie einst im mai
was tust du nicht??
was für eine gemahlin hast du
das essen
der film
hitler
aber woher die goldmark nehmen
nich
aber was das übrige anlangt so spüre ich wieder besseres wetter auf dem marsch
deine hand herrscher des nordmeers

Das bessere Wetter auf dem Marsch war Brecht selber

Er wollte selber sehen, was da los war, weil er aus Bronnens unklaren Andeutungen kein Bild gewinnen konnte, weder von den Dioskuren Lhermann-Szittya noch von der gesamten Berliner Situation in Berlin Ende Juli 1923. Nun, daß „das Theater" in der Lützowstraße – im Schwechten-Saal, wo bis dahin nur mäßige Konzerte gegeben worden waren – keine würdige Stätte für Brechts Dramen sein würde, hatte er schon in München heraus gehabt. Daß Dr. Jo Lhermann ein mittlerer Stapler von mäßiger Intelligenz, einiger Phantasie und viel Geltungsdrang war, ergab der erste Augenschein. Trotzdem, jede Theatergründung ist Hochstapelei, meinte Brecht, und er zwinkerte nur, wenn sich Lhermann teils mündlich, teils schriftlich damit brüstete, mit Brecht zusammen die Schulbank gedrückt zu haben.

Bronnen hatte inzwischen das Stück gefunden, mit dem das neue Theater eröffnet werden sollte. Es mußte eine Uraufführung sein, es mußte von einem Autor stammen, der heftig zur Diskussion stand, und das schien ihm für das Mysterienspiel „Pastor Ephraim Magnus" zuzutreffen. Er hatte das Stück vor zwei Jahren zuerst gelesen, er war seitdem mit ihm nicht fertig geworden, er schlug sich mit dem ungeheuerlichen Geschehen in dieser sehr norddeutschen Familie herum. Jahnn wollte, gleich Bronnen, eine Erkenntnis des Fleisches, eine Wissenschaft des Gefühls, eine Algebra der Nerven. Während Bronnen indessen die erotischen Orgien als Erkenntnismethoden verwandte, sezierte Jahnn die gewaltig dröhnende Orgel der menschlichen Leidenschaft mit allen Mitteln der Folter, der Grausamkeit, einer bis an die äußersten Grenzen gehenden Bestialität. „Die qualvollste Lektüre meines Lebens", schrieb Julius Bab später bei der Besprechung der Aufführung. „Sie dauerte Monate – denn immer nach vier, fünf Seiten war ich vor Entsetzen so gelähmt, daß ich nicht weiter konnte. In diesem Buch ist allerdings eine wilde, furchtbare Kraft, aber sie scheint mir keine künstlerische Kraft zu sein, sondern eine Kraft des Wahnsinns..."

Es gab damals die ersten Horrorfilme; dies war ein Horrordrama, jedoch voll von einer wilden, flammenden Poesie. Bronnen fühlte Verwandtschaft und Feindschaft bei Jahnn, er liebte und haßte dessen Drama, er ging in diese Blutwelt hinein wie Cortez unter die Azteken. Würde Brecht das verstehen? Er hielt dem anderen einen längeren Vortrag über das Stück, entschuldigte sich, daß er es ausgewählt, vorgeschlagen hätte, es nun inszenieren wollte. Er wüßte, sagte er, daß dies nicht der Moment für dieses Stück, daß dieses Stück nicht der Treffer für den Moment wäre. Er wüßte, was man in diesen furchtbaren Tagen einer nationalen Katastrophe spielen müßte, in diesen Tagen des Chaos, wo Millionen Arbeiter hungerten; aber leider hätte noch niemand das Stück geschrieben, das man spielen müßte.

Brecht erregte sich bei diesen Passagen und fuhr dem anderen scharf über den Mund. „Was geht es dich an, wenn die Leute hungern", krächzte er erbost. „Machst du sie satt, wenn du über den Hunger Stücke schreibst? Hinaufkommen muß man, sich durchsetzen muß man, ein Theater haben muß man, seine eigenen Stücke aufführen muß man. Dann wird man weiter sehen, weiter schaffen."

Brecht sah, daß der andere ihn völlig mißverstand, und ließ das Thema fallen. Er kannte ja das Stück, er wußte, was notwendig war. Das Stück war 300 Seiten lang. „Das wird sieben Stunden dauern", sagte Brecht. Bronnen wies stolz auf seine energischen Striche hin. „Dann wird es sechs Stunden dauern", rechnete Brecht aus. Bronnen fand nichts dabei. Brecht, damals durchaus noch nicht episch, meinte, das beste an Bronnens Stück wäre gewesen, daß es so kurz war; thematisch unterschiede sich Jahnn durchaus nicht vom „Vatermord". Die Auseinandersetzung endete damit, daß Brecht es übernahm, den „Pastor Ephraim Magnus" dramaturgisch einzurichten.

Die gemeinsame Arbeit mit Brecht war für Bronnen wunderbar, abwechslungsreich und spannend. Brecht hatte täglich neue Einfälle und neue Striche. Da aber Bronnen nicht bereit war, für die neuen Striche die alten wieder aufzumachen – denn das Murren der Darsteller war inzwischen unüberhörbar geworden –, so schmolz Jahnns Drama rapide dahin. Als es von sieben Stunden auf zwei Stunden zusammengeschrumpft war, meldeten sich mit pompösen Visitenkarten zwei große „Gebietiger" als Anwälte eines utopischen Staates, den Jahnn damals auf einer dänischen Insel begründet hatte; sie kündeten das Erscheinen ihres Souveräns an. Es kam mit seinem Gefolge der Souverän, Hanns Henny Jahnn, groß, schlank, sehr blond, mit dämonischen Augen. Er erschien auf der Probe und legte sich hernach zu Bett. Bronnen und Brecht wurden an sein Krankenlager im Hotel „Fürstenhof" am Potsdamer Platz zitiert. Es kam zu einem Krach, der vermutlich furchtbar geworden wäre, wenn Brecht anwesend und Jahnn gesund gewesen wäre. So wurde es nur ein resignierendes Wetterleuchten und der „Pastor Ephraim Magnus" schlitterte seinem Durchfall entgegen.

Bronnens bester Regieeinfall war der einarmige Schauspieler Walther Fried, der einen Teil der Kritik in der Tat zu Ergüssen über dieses Phänomen hinriß, wiewohl Fried im Zivil sich durchaus zweier kräftiger, behaarter Arme erfreute. Im übrigen kann man für das erstaunte Gaffen des Premierenpublikums mehrere Gründe anführen, unter anderen auch die träge Spätsommerhitze des 23. August 1923. Jedenfalls überlebte „Das Theater" seine „Urständ" nur um wenige Aufführungen, was Brecht als ausgesprochen verdienstlich bezeichnete, nachdem er entdecken mußte, daß Jo Lhermanns Schecks ungedeckt waren.

Es ging freilich Jo Lhermanns Theater durchaus nicht an seinem Autor, an seinem Regisseur und an seinem Dramaturgen zugrunde, sondern an einer devisentechnischen Besonderheit jener Epoche. Lhermann, besessen von seiner Idee, ein Theater für Autoren zu gründen, hatte gesehen, wie es andere damals machten. Man stellte kurzfristige Wechsel aus, placierte sie bei jenen, die nicht alle wurden und noch an hohe Markgewinne glaubten, kaufte für das Geld sofort Devisen, und honorierte nach vierzehn Tagen die Wechsel mit einem Zehntel, oft nur mit einem Zwanzigstel des realen Betrages. Das ging gut, solange man die besonderen Usancen der Inflation kannte. Da die Inflation ein Börsenmanöver war, unterlag sie auch dem Funktionalismus der Börse, dem Wechsel von Hausse und Baisse. Daher gab es, nach mehreren Wochen rapiden Verfalls der Mark, auch acht bis zehn Tage, da die Reichsbank aus ihren Exporterlösen plötzlich Gold und Devisen auf den Markt warf, um ihre schäbige Mark zurückzukaufen: Dann stand die arme Mark wieder zum Staunen aller auf ihren dünnen Beinchen. Lhermann erwischte gerade einen solchen Moment der Mark-Erholung. Seine Dollars, die er am 14. August gekauft hatte, waren am 24. August noch genau so viele Mark wert, und er hatte inzwischen 95 Prozent der Summe verbraucht. Es war fast ein tragisches Ende, und es sicherte ihm die Sympathien derer, die noch an den menschlichen Wert des Irrtums glauben.

Brecht, nun um eine Erfahrung reicher, beschloß, die süddeutsche Basis niemals ganz aufzugeben.

Diese Geschichte blieb ebenso unvollendet wie die Freundschaft, von der sie erzählen wollte ...

Auch an jener Stelle steht heute kein Stein mehr auf dem andern, wo Bronnen damals wohnte, am Nürnberger Platz 3; es war nur eine Straßenecke weiter nördlich von Zareks. Es war eine gute Gegend überhaupt. Es war eine gute Gegend, teils wegen der guten Leute in der Gegend, und es waren gute Leute, teils wegen der guten Gegend. Man lebte dicht aneinander in der Berlinaille. Man traf sich oft, und man freute sich noch, sich zu treffen.

Zu den vielen Bekannten und Bekannten war in jene Gegend kürzlich auch eine damals weniger bekannte Bekannte gezogen, die junge Helene Weigel, Wienerin, Frankfurt-Gereifte, und nun Staatsschauspielerin nicht nur von Jessners Gnaden. Die beiden Wiener hatten sich natürlich getroffen, die gastfreundliche Weigel hatte den Landsmann bald in ihr luftiges Atelier geladen, sie rühmte sich eines eigenen, ständig warmwasserversorgten Bades, man rühmte an ihr eine fürtreffliche Wiener Mehlspeisküche. Bronnen machte mit beiden Komfortabilitäten dankbarst Bekanntschaft. Diese Bekanntschaft wurde dadurch erleichtert, daß er vom dritten Stock Nürnberger Platz 3 genau in die Schräge von Helene Weigels Atelierfenster blicken konnte. Bronnen arbeitete nachts, und es strömte in ihn ein mitreißendes, drängendes Gefühl, wenn er die anderen Lichtfenster sah, hinter denen andere arbeiteten;

Arnolt Bronnen

er fühlte sie alle wie Vorposten einer Armee, deren Feind die Dunkelheit war. Auch das Lichtdach in der Spichernstraße war solch ein Vorposten.

Der Herbst 1923 war eine unruhige Zeit; sie war schlimm für einen unruhigen Mann. Brecht hatte in den letzten Monaten viel gearbeitet, vielleicht zu viel, und sicherlich hatte ihn das, was er gearbeitet hatte, wenig befriedigt.

Daher suchte er Aussprache, Diskussion, suchte er Mitarbeiter. Suchte er neue Freunde, suchte er Neues in den alten Freunden. Experimentierte er mit den alten Freunden; übrigens waren auch die alten Freunde noch keine dreißig. So kam er öfter zu Bronnen, saugte an starken, billigen Zigarren, wiederholte unerbittlich alle die Fragen, auf die er beim letzten Male keine befriedigende Antwort erhalten hatte, ließ sich von nichts betrügen, auch nicht von der Zeit; und zwischendurch blickte er hinaus und hinunter auf den Nürnberger Platz.

Die Zimmerfenster blickten gegen Südwesten und ließen den warmen Abendhauch des Spätherbsts herein. Am Ende der Spichernstraße sah man gerade noch einen halbdürren Baum, der zu dem kleinen Park an der Kaiserallee gehörte. Die beiden jungen Männer lehnten dicht nebeneinander in dem schmalen Fensterrahmen, sprachen über ihre Pläne, Brecht glossierte zwischendurch schnell die Passanten, die über den Platz zu den halb, ganz oder gar nicht geschlossenen Läden tummelten. Bronnen war schweigsam damit beschäftigt, die Nähe von Brecht zu genießen; sonderbar mischten sich in dem, was er fühlte, Körperliches und Geistiges. Noch immer war in diesem Gefühl die Erinnerung an den Rausch, in dem er die ersten Wochen mit Brecht, jene erste, kurze Epoche gegenseitiger Befruchtung, durchlebt hatte.

Brecht war, wie immer, zeitlos, abschnittlos, während Bronnen in Kapiteln atmete. Brecht war breite Gegenwart, und daraus kam seine Stärke. Bronnen war schmale Gegenwart und tröstete sich gerne damit, daß er viel Vergangenheit und viel Zukunft hätte. Für Brecht war, auch in diesem Moment, die Frage der Freundschaft mit Bronnen keine Frage der Dauer, höchstens eine Frage der Brauchbarkeit, der Intensität; für Bronnen war die Dauer entscheidend, und er empfand es mit schmerzhafter Trauer, daß dieses Neben-

Helene Weigel

einander, diese Kinder-Freundschaft nicht dauern konnte. So seufzte er tief.

Brecht, der prinzipiell auf Sentiments nicht einging, spann sein Garn über Theaterpraxis. „Eine Schauspielerin müßte man haben", sagte er.

Wozu braucht der eine Schauspielerin, dachte Bronnen erregt. Er fühlte, daß Brecht über ihn hinausdachte, über ihn hinwegsah. Konnte er dem Freunde von gestern wirklich nichts mehr geben? In diesem Blick war ihm, als ob die Erde unter ihm aufklaffte. Er mußte springen, dahin oder dorthin. Er konnte auch mit Brecht springen. Aber nicht jetzt, nicht heute, nicht an diesem Abend. Er mußte weg von Brecht. Da war eine Frau, die Bronnen sehr liebte, sie wartete auf ihn, sie war nur für drei Tage aus Moskau nach Berlin gekommen, er durfte von den wenigen, einem Verhängnis abgestohlenen Stunden keine versäumen. Es war eine Flucht in eine romantische Idylle. Bei Brecht, was immer jetzt käme, würde es anders sein; denn nicht auf die Liebe, auf das Ziel der Liebe kommt es an.

So dachte er Jahre in einer Sekunde, begann er den großen Umweg vieler Schmerzen und Leiden. Und es tat ihm weh, daß er sprach, weil eine Zeit in seinem Leben unwiederbringlich dahin war. Es war zu eng, um mit den Händen zu deuten, so wandte Bronnen nur das Gesicht. Dort, wo er hinblickte, leuchtete es auf. Unter dem schrägen Glasdach des Ateliers in der Spichernstraße wurde das Licht angeknipst.

Eine Schauspielerin müßte man haben, hatte Brecht gesagt. „Dort wohnt die Helene Weigel", sagte Bronnen, „weißt, die früher in Frankfurt war, jetzt spielt sie bei Jessner." Brecht wußte, aber er kannte sie noch nicht. „Ich glaube, sie wird sich freuen, wenn du zu ihr kommst."

Brecht trat zurück. Er hatte noch keine rechte Bleibe, fühlte sich noch heimatlos in Berlin, hatte vielleicht auf den Abend mit Bronnen gerechnet. Er fixierte Bronnen aus den Knopflöchern. „Ich ruf sie an, daß du hinüber kommst", sagte Bronnen. Er ging hinaus, in das kahle, große Berliner Zimmer, wo der Telefonapparat an der Wand hing. Es dauerte etwas länger, weil gerade ein anderer Untermieter telefonierte. Als Bronnen in sein Zimmer zurückkehrte, war Brecht schon gegangen. Es waren nur zwei Minuten bis zur Spichernstraße. Eine Bindung hatte aufgehört, eine neue, größere, trächtigere hatte begonnen...

...und vielleicht gibt es gar keine vollendeten Geschichten.

Bildnachweis
Privatarchiv Bronnen: 11 Fotos, Akademie der Künste
Archiv: 3 Fotos, Bertolt Brecht Erben: 2 Fotos,
Foto Ullstein: 2 Fotos, Becher Archiv,
Archiv Henschelverlag, Köselverlag, Zentralbild,
Foto Rosemarie Clausen Hamburg, Foto Pisarek:
jeweils 1 Foto